U0947190

本书由沈阳农业大学经济管理学院出版基金资助出版，
在研究过程中还得到了国家社会科学基金项目（编号：14BJY091）的资助，
在此一并致谢！

【经济学学术前沿书系】

辽宁省农民专业合作社成长问题研究

——基于农户合作需求和合作行为的视角

李　旭◎著

经济日报出版社

序 言

农民专业合作社是提升农业产业化的经营水平，提高中国农民的组织化程度，以此来促进农民增收从而推动农业现代化建设的一种新型的农村经济主体。近几年，党中央和国务院都非常重视农村各种专业合作社的发展，也相继出台了一系列政策措施鼓励各类专业合作社的发展壮大。同时于2007年7月1日正式颁布了《中华人民共和国农民专业合作社法》，该法的实施推动着我国农民专业合作社发展进入了一个新阶段。

目前农民专业合作社已成为实现农业规模经营、发展现代农业、促进农民增收的新载体，目前我国农民专业合作社出现快速增长势头，截至2013年底，全国依法登记的专业合作、股份合作等农民合作社达到95.07万家，实有成员达7221万户，占农户总数的27.8%；农民专业合作社的产业分布十分广泛，遍及农村各个产业。作为传统工业大省的辽宁，在近十年间坚持工业反哺农业，目前已经跨入全国的农业大省行列，农民专业合作社的发展也开始呈现快速增长的势头。截至2013年底，辽宁省共有农民专业合作社27789个，入会（社）总农户数为1247436户，带动非成员农户总数1486334户。经营范围涉及种植业、粮食产业、林业、畜牧业、生猪产业、奶业、渔业、服务业等众多领域，以及农产品的储运、加工购销等许多环节。从经济总量上可以看出，农民专业合作社已经成为了辽宁省农村经济中十分重要的力量。

合作社是一种兼有企业和共同体双重属性的社会经济组织（黄祖辉等，2011），农民专业合作社的主要功能是为其成员提供服务。然而，由于农民专业合作社是经济组织，为了在市场竞争中生存和发展，它们必须像投资者所有的企业一样考虑经济利益（黄胜忠等，2008），也必须像企业一样把“成长”作为其研究的目标和归宿。对农民专业合作社成长进行研究，就是把其看做一个“生命有机体”，解析农民专业合作社成长的过程，刻画其总体特征，发现农民专业合作社成长中哪些因素起关键性作用。因此，农户——合作社成长发展的基石就不可避免地走入研究者的视线。一方面，未加入合作社的农户作为合作社发展的“后备军”是合作社扩大规模不断成长的储备力量，对其加入合作社的意愿进行研究对农民专业合作社成长发展具有重要的意义；另一方面，已加入合作社的农户是合作社成长的“主力军”，是合作社成长质量的关键力量，他们的合作行为关系到合作社的未来成长方向。因此，有必要系统地研究辽宁省农民专业合作社成长的问题及其影响因素，从而为发展辽宁省农民专业合作社提供必要的理论依据，这对于政府把握辽宁省农民专业合作社成长的基本方向和政府制定相关政策具有很强的现实意义。

为了更加全面地了解影响辽宁省农民专业合作社成长的问题和影响因素，特别是从农户合作需求和合作行为这一视角进行分析，为辽宁省农民专业合作社的成长提供政策建议，本书选取辽宁省合作社作为研究对象，通过对辽宁省农民专业合作社成长的现状和问题进行分析，并从农户这一视角进行研究，探讨影响辽宁省农民专业合作社成长的因素。

本书通过对辽宁省农民专业合作社的现状和问题进行分析，从两种农户的合作视角——即被带动农户作为潜在专业合作社成员的合作需求视角和已成为专业合作社成员农户的合作行为视角分别研究其对辽宁农民专业合作社成长的影响，最后为更好地发展辽宁省农民专业合作社提出政策建议。最后，本书还在附录中以沈阳市于洪区和丹东振安区 7 家典型合作社作为案例分析了合作社在成长的现状和问题。本书既有理论的探索，又有辽宁省的实证分析，在此基础上提出的政策建议可以起到指导实践的作用，为把握农民专业合作社发展的方向，促进其健康成长出力献策。因此本研究的选题具有较强的理论价值与政策含义。

本书是作者继上本书《农民专业合作社成长的影响因素：基于利益相

关者的视角》的第二部关于农民专业合作社的研究成果。上部书作者构建了一个包括农户、领班人、客户、供应商、政府等利益相关者的农民专业合作社成长的框架，而本书则重点将农户这一利益相关者单独拿出来进行研究，从农户合作需求与合作行为的视角研究合作社的成长问题。这也是作者主持的国家社会科学基金项目《基于利益相关者视角的我国农民专业合作社成长影响机理与实证研究》（应用经济，14BJY091）的部分研究成果。希望本书的出版能为农民专业合作社的发展提供理论和实践的依据，为解决三农问题和推进社会主义新农村建设步伐起到很好的推动作用。

作者

2015. 4

目 录

第一章　绪　论

1.1 选题背景

农民专业合作社是提升农业产业化的经营水平，提高中国农民的组织化程度，以此来促进农民增收从而推动农业现代化建设的一种新型的农村经济主体。近几年，党中央和国务院都非常重视农村各种专业合作社的发展，也相继出台了一系列政策措施鼓励各类专业合作社的发展壮大。同时于2007年7月1日正式颁布了《中华人民共和国农民专业合作社法》，该法的实施推动着我国农民专业合作社发展进入了一个新阶段。

农民专业合作社已成为实现农业规模经营、发展现代农业、促进农民增收的新载体，目前我国农民专业合作社出现快速增长势头，截至2013年底，全国依法登记的专业合作、股份合作等农民合作社达到95.07万家，实有成员达7221万户，占农户总数的27.8%；农民专业合作社的产业分布十分广泛，遍及农村各个产业。作为传统工业大省的辽宁，在近十年间坚持工业反哺农业，目前已经跨入全国的农业大省行列，农民专业合作社的发展也开始呈现快速增长的势头。截至2013年底，辽宁省共有农民专业合作社27789个，入会（社）总农户数为1247436户，带动非成员农户总数1486334户。经营范围涉及种植业、粮食产业、林业、畜牧业、生猪产业、奶业、渔业、服务业等众多领域，以及农产品的储运、加工购销等许多环节。从经济总量上可以看出，农民专业合作社已经成为了辽宁省农村经济中十分重要的力量。

辽宁省农民专业合作社的有力发展增加了农民收入，推进了农业标准化生产进程，改变了农民经营方式，增强了农业综合生产能力和农产品市场竞争能力。但与此同时，也暴露出一些问题。第一，农民专业合作社规模较小，带动效应不大。据不完全统计，目前入社成员在50户以下的合作社约占总数的75.3%，50－100户的占总数10%，100－500户的占总数13%，500户以上的仅占1.7%。农民专业合作社的规模普遍较小。合作社一般是在一个村、或一个乡的范围内几十户农户组织起来的，跨村、乡、县甚至跨省的农民专业合作社还不多见。这种农民专业合作社发展的区域局域性，也在一定程度上反映其带动性还不是很强，其带动效应及辐射性还局限在原有的行政区域内。

第二，农民专业合作社的内部管理不规范，运行效率较低。目前，相当一部分农民专业合作社的内部管理不规范，主要体现在：①农民专业合作社的章程不完善或流于表面。不少农民专业合作社由于管理者的文化水平和管理能力等原因没有制定一个完善的代表全体社员意志的章程，更不用说参照执行。②组织机构不健全，设置过于随意。按照《农民专业合作社法》的要求，农民专业合作社需要设置成员大会、董事会和监事会。但从现实的执行情况来看，不少合作社组织结构不健全，缺东少西。也有一些合作社即使设置齐全了也形同虚设，民主决策、民主管理、民主监督的机制没有得到良好的运转，农民专业合作社的运行效率十分低下。

第三，农民专业合作社的外部依赖性比较强，自我成长的动力较弱。现今农民专业合作社是农民这一弱势群体组成的新型农村组织，受外部环境的影响较大，其中包括政治法律环境、经济环境、社会文化环境等多方面的影响。政府作为农民专业合作社的管理者和监督者对合作社的影响尤为重要。一些农民专业合作社的成长过程中全程伴随着政府的倡导、推动和支持，使它们过分依赖于政府的帮助，自我成长的动力较弱。

而暴露出来的这些问题，已经引起了理论界和决策部门的广泛关注。因此，有必要系统地研究辽宁省农民专业合作社成长的问题及其影响因素，从而为发展辽宁省农民专业合作社提供必要的理论依据，这对于政府把握辽宁省农民专业合作社成长的基本方向和政府制定相关政策具有很强的现实意义。

为了更加全面地了解影响辽宁省农民专业合作社成长的问题和影响因素，特别是从农户合作需求和合作行为这一视角进行分析，为辽宁省农民专业合作社的成长提供政策建议，本书选取辽宁省合作社作为研究对象，通过对辽宁省农民专业合作社成长的现状和问题进行分析，并从农户这一视角进行研究，探讨影响辽宁省农民专业合作社发展的因素。

1.2 研究目的与意义

农民专业合作社是提升农业产业化的经营水平，提高中国农民组织化程度，以此促进农民增收从而推动农业现代化建设的新型农村经济主体，对推进社会主义新农村建设作用巨大。近些年，政府高度重视农民专业合作社的成长，相继出台了一系列政策和法律法规鼓励农民专业合作社的发展。2003 年 1 月 8 日，中央农村工作会议上明确提出了要根据需要建立农民专业合作社，2004 年和 2005 年中央的一号文件提出了支持农民专业合作社发展的要求，2006 年的一号文件进一步强调要“积极引导和支持农民发展各类专业合作社”，2007 年 7 月 1 日正式实施的《中华人民共和国农民专业合作社法》，推动我国农民专业合作社的发展进入了一个新阶段。现今，农民专业合作社自立法以来，以农民专业合作社为主要形式已成为农业产业中非常重要的组织，对促进农民增收、推动现代农业建设作用巨大。当然，在农民专业合作社的成长过程中也存在着诸多问题，因此，有必要研究农民专业合作社成长的现状和目前存在的问题，分析农民专业合作社成长的利益相关主体，研究这些利益相关主体在专业合作社成长中的重要影响，重点分析农户作为农民专业合作社的基本构成单元对组织成长的重要影响，并提出促进专业合作社成长的对策建议。

本书通过对辽宁省农民专业合作社的现状和问题进行分析，构建了专业合作社发展的利益相关者框架并分析了各利益相关者对专业合作社成长的影响，同时从两种农户的合作视角——即被带动农户作为潜在专业合作社成员的合作需求视角和已成为专业合作社成员农户的合作行为视角分别研究其对辽宁农民专业合作社成长的影响，最后为辽宁省农民专业合作社更好地成长提出政策建议。本书既有理论的探索，又有辽宁省的实证分析，在此基础上提出的政策建议可以起到指导实践的作用，有助于辽宁省农民专业合作社更健康的成长，对解决辽宁省的三农问题和推进辽宁省社会主义新农村建设步伐将起到很好的推动作用。因此，本书的选题具有较强的理论价值与政策意义。

1.3 研究内容

本书以辽宁省农户为主要研究对象，通过国内外文献的查阅、农户问卷调查和合作社实地调研等方式进行实际论证，分析从农户合作需求和合作行为视角的辽宁农民专业合作社成长的影响因素，为更好地发展专业合作社提供一定的理论依据，并提出可行性的意见和建议，以供决策者参考。

本书主要包括五方面的研究内容：

第一部分为理论基础和国内外研究现状。主要阐述合作、专业合作社等相关概念，并对专业合作社的基础理论进行回顾；同时在西方经济学的视角下从制度变迁理论、交易成本理论、现代交易费用理论、现代产权理论、产业组织理论等角度，从理论上分析专业合作社的产生及发展趋势；最后总结和梳理农户合作行为的动因、机理、影响因素等相关研究进展。

第二部分为辽宁省农民专业合作社的总体发展现状分析。本书从辽宁农民专业合作社的数量、产业分布、领办主体和服务内容等几个方面对辽宁农民专业合作社的成长现状进行分析，找出目前农民专业合作社存在的问题。

第三部分为辽宁省农民专业合作社成长中农户合作需求的分析。在这部分本书对被专业合作社带动农户加入专业合作社的意愿进行实证分析，数据来自对200个村农户的入户调研问卷。

第四部分为辽宁省农民专业合作社成长中合作行为的分析。这部分对已加入辽宁省农民专业合作社的农户的合作行为进行实证分析，数据来自对73家合作社的调研问卷。通过这两部分的分析，得出农户的合作需求和合作行为对辽宁农民专业合作社成长的影响因素。

第五部分为促进辽宁农民专业合作社健康成长的对策建议。本书从农户和其他方面视角提出促进辽宁农民专业合作社健康发展的对策建议。

1.4 研究方法

本书以制度变迁理论、交易成本理论、产权理论、产业组织理论等理论为基础，重点进行系统分析和实证研究，采用定性分析与定量分析相结合的方法，围绕农户合作需求和合作行为对辽宁专业合作社成长的影响这一问题，展开了深入、系统的研究。具体的内容阐述如下：

1. 文献分析法。文献检索和阅读是所有研究工作必须使用的方法。以罗虚代尔合作社的成功作为起点，国内外对于合作社的研究就从未间断过。本书通过文献分析法对有关专业合作社、农户合作行为的相关文献进行梳理归纳和总结。

2. 问卷调查法和访谈法。本书在文献阅读和相关案例研究的基础上形成调查问卷，分别以农户和专业合作社为研究对象，采用问卷跟踪调查及深度访谈的方式，包括正式的约见访谈、参观，也包括非正式的的各种观察、旁听和闲谈，以此来获取第一手数据，了解农民组织的成长过程以及农户加入专业合作社的意愿，获得影响辽宁农民专业合作社成长的量化指标。

3. 计量分析法。从成本收益的角度进行分析，假设农民对农民专业合作社的需求可以表示为：$D=(E-C)>R$，其中E为参与农民专业合作社的预期收益，C为农户的参与成本，R为农户当期的净收益，D为农民对农民专业合作社需求的函数。则该模型表示，农户对农民专业合作社的需求是受农户参与该农民专业合作社的预期收益、加入成本及当期净收益的影响，当预期收益和其加入成本的差大于当期的收益时，农民就愿意参与农民专业合作社，即对农民专业合作社有需求。

因此，我们构建农民对农民专业合作社需求的计量模型为：$Y = \alpha_0 + \alpha_1 X_1 + \alpha_2 X_2 + \cdots + \alpha_n X_n$

本书将农户对专业合作社的需求 Y（0——没有需求，1——有需求）作为被解释变量，X_n 为解释变量，根据对农户的入户调查，选取农户的年龄、文化程度、农村贫富差距、相关部门提供的服务、政府政策等因素。通过大量的问卷调查，获取最原始数据后，进行分析，从而研究各个变量之间的相互关系，得出结论。本书主要采用二元 Logistic 分析模型，对影响农户参与农民专业合作社的因素进行回归分析。

4. 系统分析法。借鉴已有的研究成果，结合实证分析的结果，通过系统分析法提出促进辽宁农民专业合作社成长的对策建议。

1.5 本书的创新之处

1. 国内外学者虽然对专业合作社进行了大量的研究，农户加入专业合作社的意愿的相关研究也不在少数，但目前尚没有人从没有加入专业合作社的农户的合作需求和已加入专业合作社农户的合作行为双视角对专业合作社成长的影响因素进行分析，更何况是针对辽宁省的农民专业合作社情况进行实地调查研究——这是本书在研究视角方面的创新。

2. 对辽宁省的农民专业合作社进行了实证分析，使得最终的研究结论更具说服力；然后通过比较系统地对影响辽宁农民专业合作社的成长因素进行了研究，加深了人们对辽宁农民专业合作社成长所具有的内在规律的认识，丰富了专业合作社的相关理论——这是本书在实证方面的创新。

3. 本书最后提出了促进辽宁农民专业合作社成长的对策建议。本书有针对性地从农户和其他利益相关主体的角度提出了促进辽宁省农民专业合作社成长的对策建议——这是本书在应用方面的创新。

第二章　基础理论和研究进展

2.1 农民专业合作社及相关概念

1．合作

“合作”这个词最初是来自于拉丁文，原意是指一个组织的成员之间的共同行动或成员之间协同行动的含义。由于社会分工是一项合作产生的最直接原因，因此，分工的细化也就决定了组织内的成员是必须要进行合作的。从市场经济的发展规律来看，专业化分工和生产效率都得到了进一步的提高，在市场中专业化分工同时又强化了人们之间的相互依赖关系。马克思曾经指出，当我们通过合作或协作时，不仅提高了我们个人的生产力，而且我们还创造了另外一种生产力，这种生产力就是集体力。所以说合作没有阶级之分、没有国别的不同，合作是一个比较广泛的范畴。合作的主体、合作的内容以及合作的形式都是不确定的，因此从合作的组织形式来说，合作主体、社会政治经济条件和环境决定了合作生产和合作经营的组织形式。

2．农村合作组织

农村合作组织，也叫农村合作经济组织。世界各国对合作组织的定义都不相同，因此合作经济组织可以定义为劳动者为了改善自身的生产和生活条件，同时劳动者为了取得和维护自身的利益，按照自愿、民主、平等、互利等原则建立起来的一种经济组织和社会团体。从本质上来剖析，合作组织是在当前市场经济条件下劳动者为捍卫自身利益而建立起来的大众性的经济团体。在我国，由于一些历史的原因，建国以来合作经济组织的形式非常多，有专业的技术协会，有合作协会，还有近年来盛行的专业合作社等。我们把从事农业生产的农民们组织建立起来的经济组织称为农村专业合作组织、农村合作经济组织、农民专业合作经济组织和农民专业合作社等。说法很多，但在大多数情况下，合作经济组织与合作社在概念上是基本一致的，它们的涵义和内容都十分相似。

3．农民专业合作社

在本书中，“农民专业合作社”是指“在农村家庭承包经营基础上，同类农产品的生产经营者或者同类农业生产经营服务的提供者、利用者，自愿联合、民主管理的互助性经济组织。农民专业合作社以其成员为主要服务对象，提供农业生产资料的购买，农产品的销售、加工、运输、贮藏以及与农业生产经营有关的技术、信息等服务。”（《中华人民共和国农民专业合作社法》第二条）

近年来，很多农户都通过合作进入市场，且通常是生产相同或相似产品的农户在一起合作，因此称为“农民专业合作社”，并成为农民合作的新型农村经济组织。

2.2 基础理论回顾

国际合作经济运动至今已有160余年的发展历史了。从国际范围来看，国际合作经济的相关理论研究和实践经验都非常丰富，最初学者们致力于寻找合作组织发展的成因和存在的合理性，后来发展为对合作组织的制度进行深入剖析，再到后来则关注在新的经济社会技术条件下其市场行为与组织制度的创新和调整。因此，从不同的理论视角出发对合作组织理论进行梳理，对于抓住农民专业合作社的发展历程，探寻农民专业合作社发展的一般规律，为新时期中国农民专业合作社的发展，提供了良好借鉴和参考。

1．合作经济思想的来源为空想社会主义

合作经济的思想来源是空想社会主义。最早是以“乌托邦”和“太阳城”为代表的关于理想社会制度的描述，由16世纪~18世纪早期空想社会主义者托马斯·莫尔和托马佐·康帕内拉提出，之后昂里·圣西门、沙利·傅立叶和罗伯特·欧文继承和发展了早期空想社会主义者对未来社会的设想，同时也提出和发展了早期的合作经济思想。其中傅立叶最早以理论形式表达了空想社会主义的合作化思想。他提出了“法郎吉”这种组织设想。法郎吉是一种以农业生产为主，兼营工业的合作组织，在该组织内部，社员可以自由地选择工作，自愿结合；这种合作组织以生产资料公有制为基础，以共同劳动、共同消费、共同保有财产和权力平等为原则，以农业生产为主，同时兼营工业，是由社员自主管理的农业、工业、商业、学习的结合体。1844年10月，欧文在他的学生胡瓦斯和柯柏尔的帮助下，在英国创建了世界上第一个比较规范的消费合作社——罗虚代尔合作社，也叫做“平等先锋社”。后来该合作社最早制定的一些关于合作社的原则被称为“罗虚代尔原则”，这份原则后来成为国际合作社通行的经典原则，为后来的一些国际合作运动奠定了坚实的基础。

2. 合作经济思想的发展——马克思主义的合作经济组织理论

从工人运动的实践出发，马克思主义提出了合作经济组织理论，马克思主义合作经济组织理论包括以下几点：第一，应通过合作组织的道路来促进土地私有制向土地集体所有制过渡。第二，合作组织必须贯彻的原则，包括自愿互利的原则、采用示范和不剥夺农民的财产的原则。第三，合作经济组织应当按劳分配。

3. 西方经济学视角下的合作经济理论

（1）制度变迁理论

新制度经济学理论认为，个人追求利润最大化是制度创新的强大动力，如果对利润的预期纯收入小于零，那么制度创新就不可能发生。从制度变迁的角度看，合作组织的产生是符合经济发展规律的一种制度创新。因为一定的制度安排总是适应特定的经济环境，农村科技进步和农业生产力的深刻变化使传统的农业制度安排逐渐失效，随着时代的更迭原来的家庭联产承包责任制的效率也在逐渐降低，这就要求出现新型的组织形式来适应新时期的制度环境，因此合作组织就应运而生了，其产生和发展是经济发展的内在动力推动和所引起的创新。拉坦（1991）从制度创新的角度出发，就认为技术进步带来的新收入来源是合作组织成为创新的经济组织制度的最原始因素。

（2）交易成本理论

从契约经济学的角度研究农村合作组织是交易成本经济学的主要工作，该理论认为我们可以从节约交易成本的角度去研究任何一种和契约有关的经济组织问题。农村合作组织作为一种契约组织，当然也可以用交易成本理论来进行研究。那么从目前我国农村的实际情况来看，我国农户的生产经营非常分散，这就导致农户交易成本上升，因为这种农户的分散经营是无法实现农业生产的规模效益的，更何况农户所获取的交易信息严重不对称。合作组织的产生可以为农户提供信息传递、购销服务、资金融通，在很大程度上就提高了我国农户进入大市场的组织化程度，也节约了我国农户的交易成本。

（3）现代交易费用理论。罗纳德·科斯提出了交易费用这个概念，在交易费用理论中他修正了由原来新古典经济学提出的零交易成本的假设前提，科斯把交易费用定义为如何运用市场的机制费用，这些机制费用包括从市场采集信息的费用，执行交易谈判的费用以及进行监督活动和履行契约活动所发生的一系列费用。科斯还认为组织之所以成为市场的替代物是因为运行市场机制是有成本的。如何选择正确的组织形式，其标准就在于交易费用的减少能够弥补一个组织内部管理费用的增加。当前农村合作组织的出现就是为了降低市场交易风险和市场交易费用，从而提高农业劳动者的农业劳动生产率和增加其农产品的产出。

（4）现代产权理论。现代产权理论的核心就是要研究如何通过界定、变更和安排所有权来降低或者消除市场运行中的交易费用，以改善资源配置的效率。Condon（1987）率先建立了一个理论框架来证明财产权与合作社组织之间的联系。Cook 等（1995）也应用产权理论分析了合作社的产权。在合作组织的运行中，通常农民是可以通过资金、劳动以及土地经营权等方式来入股的，现代产权理论认为，只有农村合作组织在明确界定了组织产权主体之后，才可能管理好合作组织内部的资产，从而促进合作组织的健康有序发展。

（5）产业组织理论。产业组织理论的研究对象是产业组织，即研究市场在不完全竞争的条件下的企业行为和市场构造，新产业组织理论出现在20世纪70年代后期，该理论采用新的分析方法，协调厂商内部组织和外部关系，同时考察了厂商行为的内部和外部的复杂关系。我国农民专业合作社作为一种新型的农业产业组织形式，其产生是应对全球化大市场的要求，旨在降低农业生产成本和农业经营成本，提高农户在国内外大市场中的竞争力，从而提高农业生产水平，繁荣农村经济的产物。

2.3 相关研究进展

2.3.1 农户合作行为的动因

从目前来看，农民专业合作社是农村社会经济发展中非常重要的组织形式，其产生和发展是社会经济发展的必然产物。农户之所以选择加入农民专业合作社是学者们首先要研究的问题。

不少学者从交易费用和制度安排的视角来分析农户加入合作组织的动因。朱广其（1996）认为农户需要通过发展农户合作组织来降低市场交易费用，这是农户进入市场的必然要求，也是农户进入市场的非常有效的组织形式。因为农户进入市场交易是需要支付一系列费用的，如签订契约等费用，而成立农村合作组织就可以将农户与其他一些独立主体之间的交易费用内部化了，因此，农户就选择了合作。鲁振宇等（1996）认为，“要建立农村市场体系，发展农村市场经济，必须引导农民入市，而农户直接进入市场和利用组织进入市场是有区别的。农户是通过合作组织进入市场的，其生产者剩余的损失要远小于农户自己直接进入市场所带来的损失。

因此，我们认为合作组织就有其存在的必要性”。何坪华等（1999）认为，“现阶段我国农村家庭经营所带来的市场交易成本是非常高的。对农户来说，在农业家庭生产经营中，不仅要想方设法降低生产成本，更要力求降低交易成本。如何降低农业家庭经营的市场交易成本，最基本的途径就是想办法提高农户家庭经营进入市场的组织化程度，把原先农户的分散入市变成有组织的集体入市，也就是发展各种形式的市场中介组织”。

姜明伦等（2005）通过典型案例进行了实证分析，认为农民之所以选择合作，通过合作组织组织进入市场的主要原因有：一是为了改善其在市场上的谈判地位，保护农民自身的利益；二是为了能够准确把握农产品市场需求，稳定市场供给，降低经营风险。

当然，对于农户加入合作经济组织动因的研究是多方面多角度的。李昆、傅新红（2004）则反传统地从另一个角度——农民合作组织的生存机理问题着手来分析合作组织生存发展的根本原因、最终动力，并以此为突破口探寻在合作组织内部如何建立高效的制度规范。徐勇（2007）则指出中国农民并不是天生的善分不善合，他们是否进行合作主要取决于由时间、地点和条件构成的农民利益。在利益的驱动下，农民善分也善合。黄祖辉、邵科（2012）等人认为参与合作社具有内部动机（指人内在的、自愿性的动机）与外部动机（外在条件的诱导与刺激下产生的动机）。一方面来自于人们内在的需要与认同，体现自愿性；另一方面来自于外在因素的逼迫与诱惑，具有强制或诱导色彩。

2.3.2 农户合作行为的机理

农户的合作行为首先是农户行为或者是农民个体行为。学界一直存在着农户行为是否理性的纷争，现在在这种纷争持续了几十年之后，目前大部分的学者都已承认农户行为是理性的。国内学者林毅夫（1988）阐明小农的行为表现虽然不同于“纯粹的消费者”和“纯粹的生产者”，但现代经济学的框架同样适用于小农经济行为的研究，只要小农的经济行为是理性的，就可以用现代经济学的所有方法研究小农行为，而许多被视为非理性的小农行为是外部条件限制下的理性表现。秦晖（1996）认为，农民进入市场之后，对市场信号的心理反应呈多元化，甚至出现某种“反常”，是有其合理性的，是农产品市场固有特点造成的，农民对这些特点的适应，恰恰说明农民的理性。韩喜平（2001）认为由于过去传统文化的影响，中国农民非理性的特征还非常明显。但他通过实证研究表明，大部分农民甚至包括在贫困地区的农户的经济行为仍然是理性的。罗必良（2004）认为农民也是经济人，农民的选择都是充满着经济理性的。因此我们要尊重农民的经济理性，尊重农民的选择意愿。特别是各级政府在制定政策时要想办法以农民乐意接受的方式来作为基本原则。胡敏华（2007）认为，理性农民的合作行为是农户合作意愿和农户合作能力统一的结果，当前比较现实的选择是政府进行有效的参与，帮助建立农民合作经济组织。此外，一些学者也通过对不同地区的实证性研究得出结论：农户行为是完全理性的。

有的学者从合作伦理的角度分析农户合作行为的机理。管爱华（2004）认为由于历史的原因我国农民在血缘基础上展开互助合作，但缺乏现代的、作为经济伦理意义上的平等合作的精神与经验。宋圭武（2005）提出中国建设农村合作组织的一个重要任务就是要完成从以血缘为主的家庭传统的合作形式转变为符合社会化大生产的新时期现代的合作形式。

邓衡山（2011）认为，从社会认知理论可知，在农民组织发展过程中，各相关利益方对农民组织的认知是其决策行为的基础，只有理解了相关利益方对农民组织的认知和认知过程，才能理解其合作意愿和参与行为。

2.3.3 农户合作行为的影响因素

农村合作组织的发展涉及到与其发展相关的内外诸多因素，在这些因素中既有农民自身的因素，同时还有市场体系的原因、政府政策的导向以及社会文化习俗等外部因素的影响。农户参加合作组织行为的影响因素也是多方面的，既包括农户个体的合作意愿与合作能力，又包括社会经济环境等外部因素。

农民合作行为是农民合作意愿与合作能力的有机统一（胡敏华，2007）。孙亚范（2003）通过浙江地区实地调查和分析，对目前我国农户的合作需求、合作意愿和合作行为进行分析，作者运用新制度经济学的相关理论，从农户这个微观的视角揭示了我国农民合作行为的内在机理，规律及其制约因素等。郭红东和钱崔红（2004）同样通过对浙江省的实地调查研究认为，农民对合作组织认识有限，但他们仍然有着比较强烈的合作愿望，只是农民的合作愿望受他们的文化水平、其生产农产品的商品化程度以及生产农产品的种类影响。石敏俊和金少胜（2004）采用计量模型对影响农民加入农村合作组织意向的分析表明，有两个因素阻碍了单个农户加入合作组织，即农村从事兼业的农户和外出打工农民工的增加。另外，阻碍农户加入农村合作组织的因素还包括个别农户对农业生产技术的垄断、农产品市场价格的波动、农民受教育程度、农户从事农业经营的领域以及农民对合作组织的认知程度等。此外，还有一些学者也从各自的研究角度对涉及农户合作意愿等问题进行了一定的探讨。如本研究的课题组成员张广胜、周密等（2007）通过对沈阳市 200 个村进行问卷调查，分析了影响农民对农民专业合作社需求的因素。研究结果表明，农户的文化程度和农村贫富差距与农民对农民专业合作社的需求呈负相关关系，而政府有关部门提供的农业生产服务及现有的各种合作经济组织的存在对农民的需求产生了十分积极的影响。本研究的部分内容就是在此基础上的深入研究。冯开文（2012）通过对农户加入合作社的影响因素的分析认为，与西部地区相比，东部地区农户加入合作社的意愿具有显著的负向影响。与纯农户相比，兼业农户与外出务工农户加入合作社的意愿为负。

关于农户合作能力的研究。贺雪峰（2004）提出农民不善合，他认为农民是需要合作的，但是在市场经济条件下，因为历史遗留下来的传统组织资源已经被破坏，农民难以内生合作能力（不是指合作愿望），真是因为能力不足导致得不到他们需要的合作。为此，必须通过外部力量的介入来培育农民的自我组织能力，提高农民的合作能力，因此，作者认为外生型的合作组织成为了非常有效的选择”；黄祖辉和徐旭初（2006）通过对浙江省农民合作组织的制度安排相关情况进行了描述，构建了一个关于合作组织剩余控制权的研究框架，同时指出能力与关系在我国农民专业合作社的治理结构运行中起着非常重要的作用；李琼和胡赣栋（2006）则试图从制度角度研究制度对农户行为主体的影响机制，从而分析对造成农民不善于合作能力——弱合的原因，同时分析了是什么原因造成农民的弱合作能力，尤其是传统的人民公社制度对农民行为能力的影响。姜裕富（2007）认为具备良好的合作能力才是新型农民必须具备的素质。在当前社会转型时期，在传统农村社会基础上的农民合作能力已经无法适应市场经济的需要。政府作为领导者必须通过正确培育农民合作能力的方式来推动传统的基于血缘的农民合作向基于契约的农民合作模式转变。

理性农民合作行为是其合作意愿与合作能力统一的结果，政府的有效参与是建立农村合作组织的现实选择（胡敏华，2007）。政府的决策也是影响农户合作行为的主要因素。董磊明（2003）认为，“当前农民的经济模式、村庄内关注公共利益的社区精英缺失、外生的法律规则对制裁不合作的内生规则的制约，以及一些不恰当的宣传都是农户合作难的原因”。叶孝生（2005）运用博弈论对农民合作博弈缺失的行为进行分析，并构建计量模型，得出引导农民走向双赢的合作博弈行为有：第一，改变农民博弈的规则；第二要进行农民博弈制度的创新；第三，改变农民博弈的目标。

关于农户参与合作社的意愿方面的研究，马彦丽（2012）认为，在实践中，社员的入社行为与他们是否因为生产、经营方面的原因而对农民专业合作社存在需求没有关系，与合作社内部的制度安排是否符合农户的期望也没有关系，而是更多受到外部环境因素的影响。农户对合作社知识的了解程度，暴露在合作社宣传面前的频次，政府宣传力度以及亲友加入合作社的示范效应会对农户的入社行为产生实质性的影响。

周亚（2014）等人认为，只有对合作社的熟悉程度与意愿的相关系数较大时，表示出较大的相关性。即表示农户对合作社的熟悉程度与农户参与合作社的意愿具有明显的相关性。

于潇（2013）等人认为，广大农民意识到发展农业合作组织对农村经济社会的发展具有重要的作用，但值得注意的是，广大农民真正自愿参加合作组织的人在样本比例并不高，仍然需要进一步提高农户的参与意愿。

余凌峰（2013）把农户对合作社参与的影响因素归结为户主年龄、价格波动程度、户主的文化程度、政府的政策等，认为大多数农户对合作社依然处于未知的状态，现实当中又迫切希望参与合作社来解决在生产生活中遇到的各种问题，这就在理念和行动上形成了巨大矛盾，即在缺乏认识的情况下表现出的迫切的愿望。易智沅（2013）认为农民参加合作社的影响因素包括：第一、户主个人特征（社会关系网络、对合作社政策的了解程度、对合作社法定代表人的信任度、是否村干部）。第二、生产经营特征（农民收入占家庭收入的比例、当地农业生产条件、对农技推广部门的满意度）。

梁爽（2013）通过对吉林省1088个农户的调查研究，认为（1）农民参与合作社的主要动机是销售农产品和获得市场信息；（2）参与合作社能为多数农户带来较高的收益，尤其是在农产品的组织销售方面；（3）缺少领头人、政府支持力度不足和对合作社的组织形式缺少信任是影响农民参与合作社意愿的主要因素。

通过对以上农户合作行为研究的综述可以看出，虽然众多学者对农户是否理性这个判断不尽相同，但总的来说，学者普遍认为农户是理性的，他们普遍认为合作是理性的选择，不合作有时同样是理性的选择（管爱华，2004）。农户之所以通过合作进入市场就是农户追求依据自身价值观而产生的“效用最大化”的结果。在中国，由于农村资源要素结构的独特性决定了农户行为的独特性。黄祖辉（2000）认为只要农业生产中最基本的特点存在，如农业生产的生物性、农业生产地域的分散性以及农业生产规模的不均匀性，农民就存在合作的必然性。合作社在大多数西方国家已存在一百多年的历史，当今世界只要农业受市场经济支配的国家，无论是否是发达国家，都存在农民的合作组织。目前，我国专业合作社也有了一定程度的发展，并且在经济社会中都扮演了重要的角色。我们可以说农民加入农民专业合作社不是偶然性的，其具有内在的必然性。在实践中显现出了农民参加合作社的意愿受到很多因素的影响。对农户个人来说，教育文化程度的低下使得对专业合作社的认识不够清晰，缺少“领头羊”的这种参与式合作方式，从而造成对合作社的的熟悉程度不够。对政府来说，政策投入和政策推广力度不够，造成农民对政策的期待和现实参与的脱轨。对合作社来说，合作社本身组织形式应该更加透明，更能跟上农民的服务要求。因此，本书在分析辽宁农民专业合作社成长的现状和问题的基础上，把农户的合作需求和合作行为作为研究的重要视角，分析其对农民专业合作社成长的影响，这对促进辽宁省农民专业合作社健康有序发展乃至我国农民专业合作社发展都有着十分重要的应用价值。

第三章　辽宁省农民专业合作社总体成长的现状分析

农民专业合作社是提升农业产业化的经营水平，提高中国农民的组织化程度，以此来促进农民增收从而推动农业现代化建设的一种新型的农村经济主体。近几年，党中央和国务院都非常重视农村各种专业合作社的成长，也相继出台了一系列政策措施鼓励各类专业合作社的发展壮大。同时于2007年7月1日正式颁布了《中华人民共和国农民专业合作社法》，该法的实施推动着我国农民专业合作社发展进入了一个新阶段。近年来，辽宁省农民专业合作社也得到了长足的发展。但是，目前我国的农村或组织的发展尚处于起步阶段，存在许多不足。如何解决这些问题，探索出一条符合辽宁省地域特点、具有普遍适应性的农民专业合作社发展之路，对辽宁农民专业合作社健康有序成长、实现辽宁农业现代化具有十分重要的意义。

3.1 辽宁省合作社成长的现状

近年来，辽宁省从辽宁的实际出发，根据农业生产的主导产业，发挥辽宁农业生产的资源优势，突出辽宁省农村的地方特色，按照农民的合作要求和大市场的发展需要，积极探索适合辽宁的多渠道、多区域、多层次的农民联合与合作，全力推动了农民专业合作社的规范发展。

3.1.1 农民专业合作社数量逐年递增

根据数据资料分析，2007年《中华人民共和国农民专业合作社法》颁布之前，辽宁省农民专业合作社的数量较少。2007 年以后，因为有了法律作为坚强的保障，辽宁省农民专业合作社数量出现逐年递增的态势，由 2007 年的 3489 个迅速增至 2013 年的 22789 个（见图 3.1），增长率达到 84.69%。由此证明，自 2007 年《中华人民共和国农民专业合作社法》颁布以来，农民专业合作社进入了加速成长阶段。

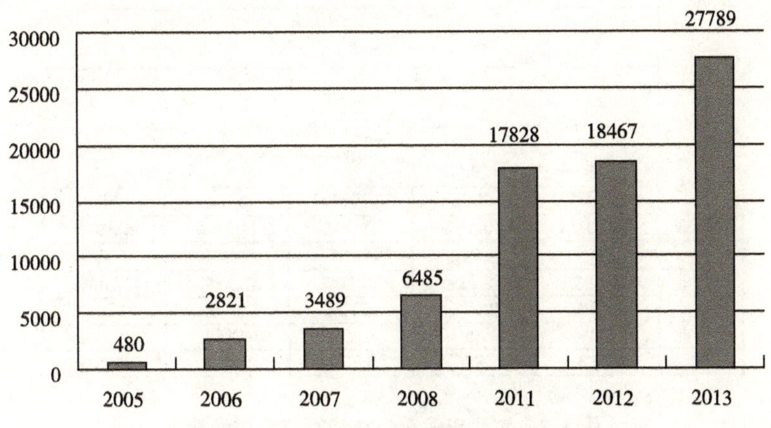

图 3.1　辽宁省农民专业合作社的数量变化

3.1.2 产业分布广泛，以第一产业为主

根据数据资料分析，辽宁省农民专业合作社产业分布广泛，涉及种植业、畜牧业、林业、渔业、服务业等多个行业以及蔬菜、畜禽、花卉、水产品等多个领域，其中，以 2013 年辽宁省农民专业合作社产业分布为例进行分析，种植业比重最大，达到 48.50%，；其次是畜牧业，达到 27.89%；林业、渔业、服务业各占 5.38%、2.07%、9.53%；其中，种植业和畜牧业所占比重之和达 76.39%，表明产业大多分布在种植业及畜牧业（见图 3.2）。这也与目前辽宁省围绕本地传统特色产业开展专业性生产经营活动相一致。

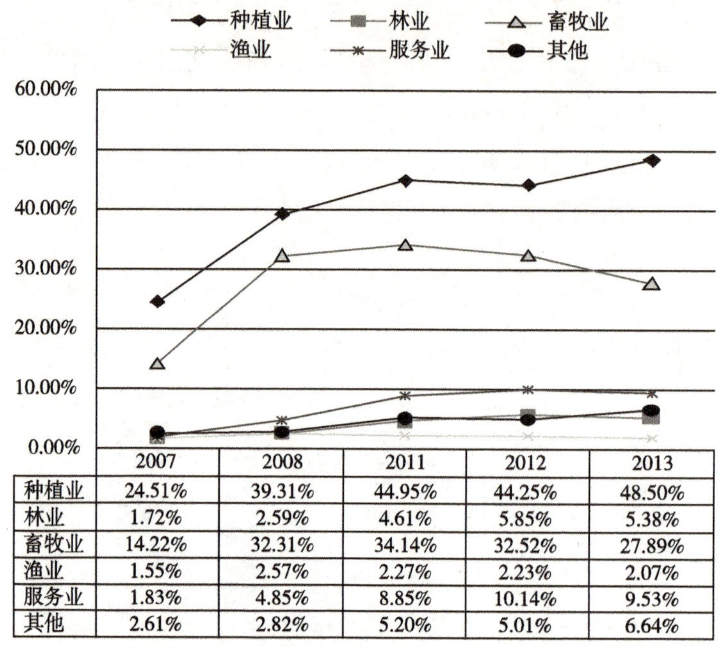

	2007	2008	2011	2012	2013
种植业	24.51%	39.31%	44.95%	44.25%	48.50%
林业	1.72%	2.59%	4.61%	5.85%	5.38%
畜牧业	14.22%	32.31%	34.14%	32.52%	27.89%
渔业	1.55%	2.57%	2.27%	2.23%	2.07%
服务业	1.83%	4.85%	8.85%	10.14%	9.53%
其他	2.61%	2.82%	5.20%	5.01%	6.64%

图 3.2　农民专业合作社的行业分布情况

3.1.3 领办主体多，以农民牵头组建为主

辽宁省农民专业合作社办社形式主要有农民（能人大户）牵头组建、企业牵头组建、农村基层农技服务组织组建和其他个人或组织组建 4 种类型。据调查数据，2013 年在这 4 种办社类型中，农民牵头组建的有 25589 个，占 92.08%，其中，村组干部牵头组建的 2380 个，占 8.56%，这类农民专业合作社大多由能人大户和村组干部领办，以本村特色产业为依托，自发组建而成；企业牵头组建的有 457 个，占 1.64%，这类农民专业合作社由农业产业化企业牵头组建，形成“企业 + 合作社 + 农户”的经营模式；基层农技服务组织组建的有 198 个，占 0.71%，这类农民专业合作社由农技部门组建，主要为社员提供技术和信息方面的帮助；其他个人或组织组建的有 1545 个，占 5.56%（见图 3.3）。

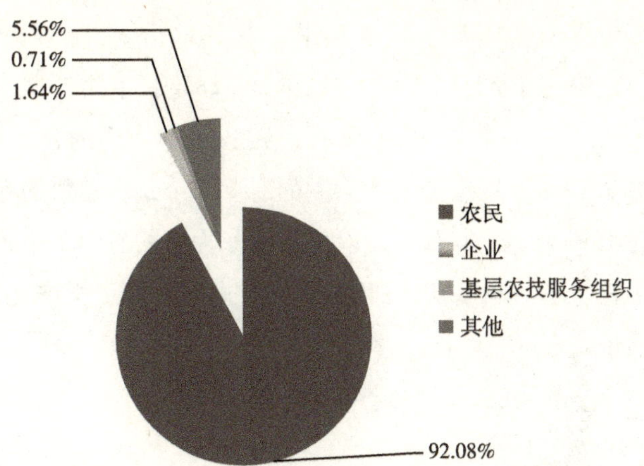

图 3.3　2013 年辽宁省农民专业合作社的兴办方式

3.1.4 服务内容不断丰富

随着农民专业合作社的不断发展，其合作层次不断提高，经营服务内容不断丰富，经营服务环节涉及生产、购买、仓储、运销、加工等产加销

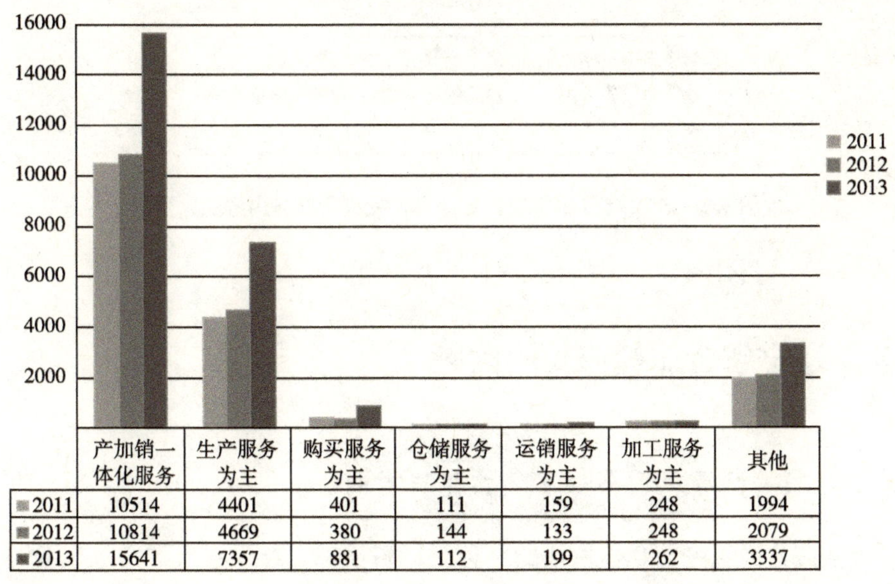

	产加销一体化服务	生产服务为主	购买服务为主	仓储服务为主	运销服务为主	加工服务为主	其他
2011	10514	4401	401	111	159	248	1994
2012	10814	4669	380	144	133	248	2079
2013	15641	7357	881	112	199	262	3337

图 3.4　辽宁省农民专业合作社经营服务内容分布情况

一体化的全方位服务（见图 3.4）。其中，以 2013 年为例，以产加销一体化为主的合作社数为 15641 个，占总数的 56.28%；以生产服务为主的合作社数是 7357 个，占总数的 26.47%；以购买服务为主的合作社数有 881 个，占总数的 3.17%；以仓储服务为主的有 112 个，占总数的 0.40%；以运销为主的有 199 个，占 0.72%；以加工服务为主的有 262 个，占 0.94%（见图 3.5）。通过不断丰富服务的内容和形式，形成了标准化作业流程，提升了服务质量。

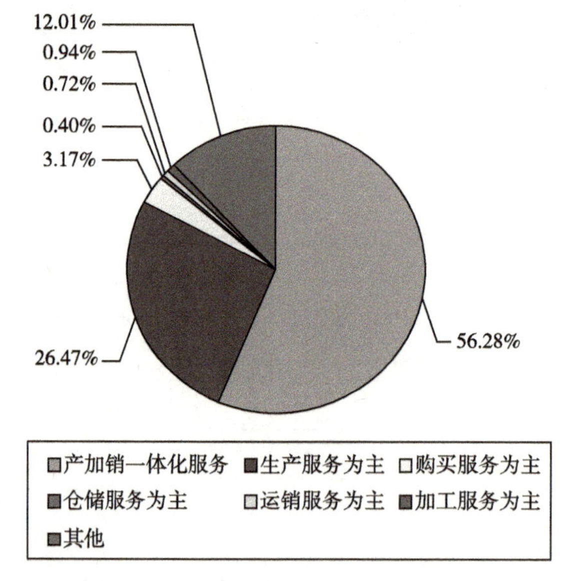

图 3.5　2013 年辽宁省农民专业合作社经营服务内容的比重

3.2 辽宁省合作社成长的问题

3.2.1 品牌创建意识不强，产品竞争力弱

品牌作为农民专业合作社的一种无形资产，对合作社抵御市场风险，提升产品价值，增强合作社的竞争力具有重要的意义。目前，辽宁省农民

专业合作社的品牌管理机制还不健全，品牌整合力度不够，产品科技含量低，难以形成核心品牌和拳头产品。调查显示，2013 年，在辽宁省的农民专业合作社中，拥有注册商标的合作社有 1918 个，占 6.90%（见图 3.6）；通过农产品质量认证的合作社有 1035 个，占 3.72%；而创立加工实体的合作社仅有 330 个，占 1.19%。部分农民专业合作社形式化现象严重，只注册不开发，既不注重提升产品质量，也不注重改善产品包装形象，市场认可度较低，品牌发展滞后。

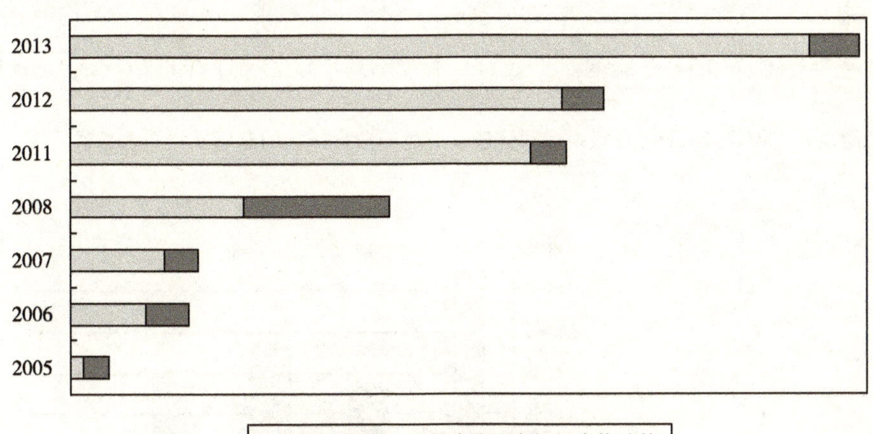

图 3.6　辽宁省拥有注册商标的专业合作社占的比重

3.2.2 政策支持体系不健全，限制专业合作社成长

政府对专业合作社的资金投入不足。数据分析得出：在 2011 年至 2013 年间，各级财政对农民专业合作社的专项扶持资金总额逐年下降（见图 3.7）；获得财政扶持资金的合作社数也呈现下降趋势（见图 3.8）。辽宁省的农村专业合作社处于发展的初期，各种基础设施和设备、技术等投入的需求大，这使得农村专业合作社成长需要大量的资金，如果单纯靠农民自己集资来解决显然很难实现，资金的短缺成为农村合作社发展中的一个核心问题。

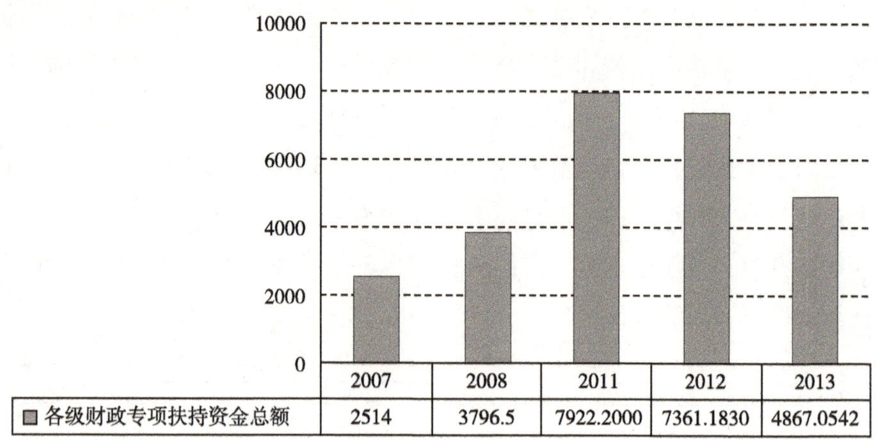

图 3.7　2011—2013 年各级财政对辽宁省农民专业合作社的专项扶持资金总额情况

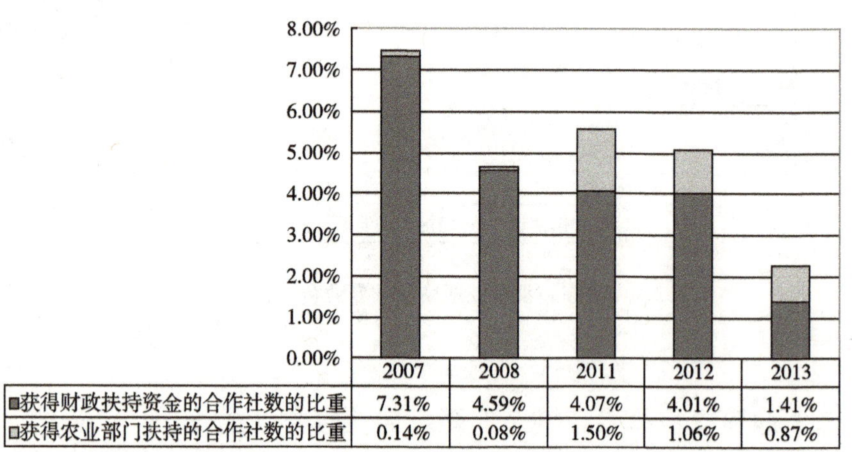

图 3.8　2011—2013 年辽宁省获得财政扶持资金的专业合作社情况

3.2.3 服务功能差，带动作用弱

目前，辽宁省的农民专业合作社的服务功能还是比较差的，不能为农民专业合作社成员提供优质的原采购渠道和市场销售渠道，同时也不能为一些特殊农产品提供专业化的技术支持，这样就影响了农民专业合作社应

有作用的发挥。农民专业合作社作为一个为农民服务的机构，需要不断引进新的农业科学技术，吸收成功的经验，以此来加强专业合作社的带动辐射效应，让农民专业合作社真正地起到为农民致富、促农村发展的桥梁作用（见表3.1）。分析表明，辽宁省农民专业合作社成员数和带动非成员农户数在2012年都有所下降，且下降比例较大，由此说明，辽宁省农民专业合作社带动力不足，有待于进一步提高。

表3.1　辽宁省农民专业合作社成员数及带动的非成员农户数

年　份	成员数	同比增长	带动非成员数	同比增长
2011	1204248		1709588	
2012	1145871	-4.85%	1279064	-25.18%
2013	1247436	8.86%	1486334	16.20%

数据来源：辽宁省农经总站

3.2.4 缺乏引进人才机制，专业合作社成长遇到瓶颈

目前，我国农民专业合作社尚处于起步阶段，农民专业合作社发展中存在的最大的障碍是缺乏丰富农业生产知识的生产技术人员和善于经营管理的管理人员。辽宁省农民专业合作社成员有95%以上均为农民，专业合作社的负责人大部分都是农民，文化水平较低，无论是在其经营管理上还是在市场沟通等其他方面都受到严重的限制。另外辽宁农民专业合作社还缺少与农业生产相关的农业科技人员和经营管理人员特别是懂得财务制度的人员，因此农民专业合作社的经营管理极其不规范。缺少农业科技人员就影响了农民专业合作社中农户生产的农产品的产量和对农业新品种的应用以及农业标准化的普及程度，甚至使得农民专业合作社难以进行农产品的品牌经营；缺少了必要的经营管理人员，农民专业合作社的许多经营活动就受到限制，购销、分红等都不能形成制度、规范，影响了农民专业合作社的可持续发展。

3.2.5 运行机制规范性不足，制度建设不够完善

目前，辽宁省大多数农民专业合作社都按照章程设置了组织的成员代表大会、理事会、监事会，且都规定了组织亏损的处理方案、组织盈余分配方案和比较完整的财务报告制度等，但是很多都只是摆设而没有发挥其真正的作用。研究显示，在辽宁专业合作社的运作过程中，专业合作社的运作相当随意，日常事务主要由领办人来管理，往往成为领办的“一言堂”，组织的成员对专业合作社的决策通常没有发言权，同时在专业合作社内部缺乏民主管理，很多成员甚至不知道什么是成员大会。同时大多数专业合作社的财务管理也相当混乱，甚至都没有比较完整的账目，没有按照章程的要求建立盈余的二次返还机制，在专业合作社内部，专业合作社成员一般只能获得其农产品的销售收入，专业合作社的管理者与成员的利益联结也是比较松散的。

3.2.6 以土地入股为主，资本和技术要素投入不足

从目前的统计数据来看，辽宁省多数专业合作社是以土地入股的，对于这些以地入股农民专业合作社而言，土地为主要的入股要素，缺乏资本、技术等稀缺生产要素的注入，尚未形成多元化的要素投入机制，这极大地制约了合作社经营规模的扩大和经营能力的提升。受资本和技术投入不足影响，以地入股农民专业合作社目前开展的主要是蔬菜、水果、粮食、畜禽等初级产品的生产，未能开展物流、农产品加工等增值活动，其土地产出效益虽然可能高于入股前，但这些专业合作社增长空间十分有限（见图3.9）。

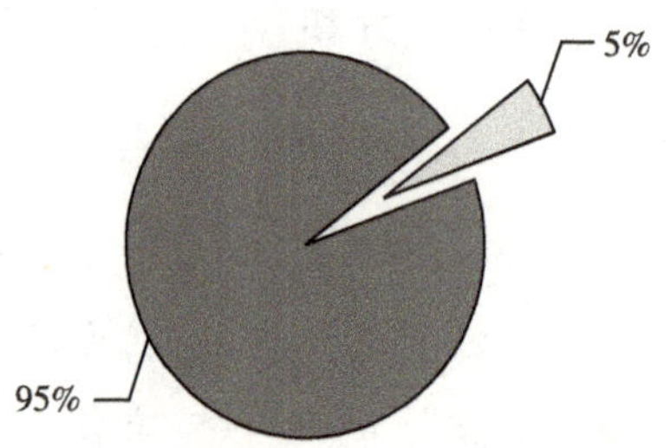

图3.9　2013年辽宁省是否以土地入股的合作社数量所占比重

从上述的分析可以看出，辽宁省农民专业合作社虽然在近年得到了长足的发展，但仍然在品牌经营、服务功能、人才引进、制度规范等诸多方面有所不足，这就需要我们分析农民专业合作社的相关利益主体，分析其对农民专业合作社成长的影响，找到制约专业合作社成长的瓶颈。

第四章　农民专业合作社成长中农户的合作需求分析

4.1 农民选择“合作”的原因

近年来，越来越多的农民选择加入农民专业合作社，农民专业合作社是建立在家庭承包经营制度基础上的农业微观组织制度创新。这就破除了农民原有的基于血缘的天然合作路径，在以农户为单位的合作行为基础上，以农民专业合作社为枢纽，大大提升农业产业化经营水平，提高农业组织化程度，促进农民增收、推动现代农业建设。

农户为什么选择加入农民专业合作社，是研究农民专业合作社的学者们首先要研究的问题。从交易费用和制度安排的角度分析农户加入农民合作社动因的研究屡见不鲜。朱广其（1996）认为农户需要通过发展农户专业合作社来降低市场交易费用，这是农户进入市场的必然要求，也是农户进入市场的非常有效的组织形式。因为农户进入市场交易是需要支付一系列费用的，如签订契约等费用，而成立农民专业合作社就可以将农户与其他一些独立主体之间的交易费用内部化了，因此，农户就选择了合作。鲁振宇等（1996）认为要建立农村市场体系，发展农村市场经济，必须引导农民入市，农户自己进入市场和通过组织进入市场是不一样的。农户通过组织进入市场，生产者剩余的损失要小于农民自己进入市场的损失。因此，这是农民专业合作社存在的原因。姜明伦等（2005）通过实证分析得出，农民选择合作，通过农民专业合作社进入市场的主要动因有两个：第一是为了改善其在市场上的谈判地位，保护农民自身的利益；二是为了准确把握市场需求，稳定农产品供给，降低经营风险。

当然，对于农户加入合作社动因的研究是多方面多角度的。李昆、傅新红（2004）则打破传统的上述关于农户加入农民专业合作社动因解释，从另一角度——农业合作社生存机理问题着手来分析合作社生存发展的根本原因和最终动力，并在此基础上探讨如何在合作社内部建立完善高效的制度规范。郭红东等（2004）、孙亚范（2003）通过对浙江省农户进行实地调查，指出农户的生产经营状况、教育文化程度和对专业合作社制度的认知程度、政府支持力度等因素是影响农户是否参与合作的主要因素。

当前，无论是欧美发达国家，还是发展中国家甚至最不发达国家和地区都存在农民的专业合作社，且都在经济发展中扮演着较为重要的角色。农民选择“合作”的原因主要有以下几点：

第一，单个农户在市场交易中处于弱势。无论单个农户的生产经营规模有多大，相对于农户的交易对象来说，单个的农户总是显得微不足道，其在谈判中处在必然的弱势地位。因此，只有加入农民专业合作社才能扭转这个局面。

第二，单个农户的交易范围较窄。由于农业生产经营的分散性，单个农户较难直接接触市场，即使有接触，其接触范围也十分狭窄。因此，只有加入农民专业合作社，农户才能通过合作社面对广阔的市场，扩大其交易范围。

第三，单个农户的交易成本较高。单个农户如果要自己购买农资和销售农产品，成本一般比较高，而加入农民专业合作社，通过统一购买生产资料、统一销售农产品来降低交易成本，可以提高农户的收益。

第四，单个农户缺乏信息来源的渠道，信息闭塞。单个农户不具备获得市场、生产和消费者相关信息的渠道和能力，使农业生产与销售在信息闭塞的情况下进行，盲目的生产和销售容易造成“卖难”问题，影响农民增收。而加入农民专业合作社则可以解决这个问题。

基于以上几点可以得出农民愿意加入农民专业合作社的基本理由。

4.2 被带动的农户加入专业合作社意愿的实证分析

在专业合作社的发展过程中，被带动农户作为专业合作社成长的储备力量，他们是否愿意加入专业合作社，即他们是否有合作意愿对专业合作社的成长至关重要。本研究对辽宁省部分农村的农户进行了入户调研，对农户合作需求、意愿及其影响因素进行了实证分析。

4.2.1 调查数据说明

调查内容与问卷设计。本次调查的目的是想通过对辽宁省部分地区进行问卷调查得到当地农户的一些情况（包括其自然属性和社会属性，如年龄、学历水平等等），农户对农民专业合作社的了解程度、认知程度，对为农组织的满意程度，以及政府支持力度等，以便真实反映农户参与农民专业合作社的动因，了解农民的合作意愿，考察影响农户参与农民专业合作社行为的因素，对于把握农民专业合作社的发展方向、促进农民专业合作社的发展具有重要的意义。本书的调查问卷总数为 240 份，回收问卷 221 份。有效问卷 216 份，有效问卷比例为 90%。

鉴于此，本部分从对示范区农户的实地调查入手，并根据已有的研究成果，对现阶段农民的合作需求、意愿及其影响因素进行实证分析。通过对影响辽宁省农户参与农民专业合作社的因素进行实证研究，揭示影响农户参与农民专业合作社行为的因素和农民专业合作社成长的内在规律，进而用于指导辽宁省的农民专业合作社的具体实践。

调查涵盖了以下主要内容：

（1）被调查村的基本情况。包括村人口数、村耕地总面积、村民的主要收入来源和主要生产的农产品等。

（2）被调查农户的基本情况。主要为农户的文化程度、耕地面积、收入情况等。

（3）农户目前的农业生产经营概况。包括经营土地规模、有无农业机械设施投入等。

（4）农户对农民专业合作社的看法。如认知程度、参加意愿情况、认知程度、主要困难、政府的相关政策等。

（5）其他可能影响农户对农民专业合作社选择的重要因素。

调查地点的选择。根据研究目标的设定，考虑到辽宁省的14个地级市的经济因素，还考虑到其人口数量等因素，为了更好地体现辽宁省的内部差异，比如经济发达城市与经济落后城市的农民专业合作社建设和发展状况的区别，笔者选择调查地点主要为选取每个地级城市隶属下的一个村作为调查地点，在此基础上，科学处理问卷，可以得出相对客观公正的结论和观点。

4.2.2 描述性分析

1. 被调查村的农民专业合作社总体情况的描述

在被调查的村中，目前只有39.8%的村建立了农民专业合作社。可以看出，目前农民专业合作社数量并不是很多，从组建的主体来看，由政府配合建立的农业服务协会及农民专业合作社就占50.69%，由农民自己牵头组成的专业合作小组只占37.26%，由供销社系统组建的专业合作社仅占12.05%。这一方面说明目前农民专业合作社的组建主体是越来越多样化了，另一方面也说明政府或者是由政府配合组建的专业合作社占多数，而由农民自发组建的农民专业合作社却为数不多，在辽宁省的发展还只是处于起步的阶段。即目前政府仍是农民专业合作社主要的发起者。

从目前农民专业合作社应该提供的诸如“销售服务”“生产资料购买”“农业技术服务”“联合信贷”等多项服务项目来看，目前接近半数的专业合作社为农民提供的服务并不是很到位，很多专业合作社应该提供的服务都没有很好地实行，这在一定程度上打消了农民参加专业合作社的积极性。造成这种情况的一个重要原因，是由于目前农民专业合作社的成长相对滞后，且已存在的部分农民专业合作社运行不畅，政府支持力度不够，对农户吸引力不大。

2. 当地农户对农民专业合作社的需求程度分析

农民专业合作社为农户提供了多种生产经营服务，在农户遇到的资金问题、生产资料购买问题及农产品销售问题等方面，农民专业合作社就可以为农户节省市场交易成本，这样就可以解决单个农户进入市场时交易成本高的难题。本研究通过在实地调研中收集了农户在生产经营中遇到农业生产等相关方面难题的看法，间接地反映了农户对专业合作社提供以上服务的认可程度。

表 4.1 被调研农户生产经营问题反馈表

	资金问题	技术问题	信息问题	生产资料购买	销售问题	加工问题
没有问题	11.43%	20.33%	20.12%	11.61%	8.78%	22.14%
问题很小	8.29%	11.53%	18.25%	14.29%	15.65%	4.86%
问题较小	11.40%	22.86%	21.54%	10.90%	12.92%	12.86%
问题较大	32.87%	28.71%	23.00%	20.01%	24.34%	37.29%
问题很大	36.01%	16.57%	17.09%	43.19%	38.31%	22.85%
合计	100%	100%	100%	100%	100%	100%

数据来源：调查问卷

从表 4.1 中我们可以看出，在 216 份有效问卷中，有 43.19% 之多的农户认为在购买生产资料时遇到的难题很大，与其他各项问题相比，农户在这一部分选择“问题很大”的比重是最多的。另外在农产品销售问题的调查反馈中，有 38.31% 的农户认为“问题很大”。这说明农户非常需要得到帮助以解决生产资料购买和产品的销售问题，因此，农民专业合作社应该注重解决农民所期盼的生产资料购买和农产品销售方面问题。

其次，资金获取的问题也是大多数农户认为“问题很大”的，这个比例有 36.01%；另外还有 32.87% 的农户认为，获取资金较难，即“问题较大”，仅有 11.43% 的农户认为资金不成问题。因此，从问卷中我们可以看出如果能通过建立农民专业合作社，可以在一定程度上降低交易成本，这对农户来说是当前急需的帮助。

再次，是关于农产品加工问题，有 22.85% 的农户认为此项“问题很大”，目前，在辽宁农村农产品加工业还没有得到较好的发展，农产品的深加工和高附加值的农产品生产都没有铺展开来。再者，是农户的市场信息不灵通，进入市场渠道不通畅等问题。当前农民已经意识到市场信息的重要性，意识到信息的获取对农业生产效率和自身收入水平的提高密切相关。

最后，是技术问题，有 16.57% 的农户认为此项“问题很大”，22.86% 的农户认为“问题较小”，可见，地方政府和农民都十分重视农业生产技术，在这个方面已经做得不错。

综上，我们意识到农民专业合作社在为当地农户提供相关服务时，应着重于生产资料的购买、资金的获取和农产品加工等方面，为农户提供更为实际、更为迫切的需要。

3. 农户对当地农民专业合作社服务的满意程度分析

农民专业合作社是农户自发组织的，目的是为农户提供满意的服务，是否能够得到农户的认可，对评价专业合作社是否成功很重要，根据调查得到表 4.2。

表 4.2　农户对农民专业合作社提供服务的满意程度表

	无此服务	好处很小	好处一般	好处较大	好处很大	合计
联合信贷	26.1%	5.6%	12.8%	22.2%	33.3%	100%
提供生产资料	0%	30.6%	19.4%	33.3%	16.7%	100%
提供技术服务	0%	17.8%	25.5%	32.8%	23.9%	100%
销售服务	19.1%	13.9%	20.3%	21.1%	25.6%	100%
农忙时互助劳动	62.9%	14.3%	11.4%	5.7%	5.7%	100%
卫生保健	69.9%	9.1%	7.3%	6.6%	7.1%	100%
农村金融保险	80.19%	0.83%	8.98%%	10%	0%	100%
文艺活动	45.6%	12.2%	19.6%	10.4%	12.2%	100%

数据来源：调查问卷

从表 4.2 中我们可以看出，农户认为农民专业合作社最满意的地方是提供联合信贷的服务，这说明农民最为迫切需要的就是解决资金获取方面的问题，从表中可以看出33.3%的农户认为联合信贷的“好处很大”。

二是关于销售服务，农户普遍认为农民专业合作社可以帮助他们联合起来销售农产品，同时通过联合销售获取更多的利润，这是农户能够看得见的好处，因此，25.6%的农户认为销售服务的“好处很大”。

第三，在农民专业合作社提供生产资料、技术服务方面，30%以上的农户认为在提供生产资料和技术服务方面“好处较大”。这两个方面都是农户在实际生产活动中必须的。

另外是文艺活动服务，农户需要通过专业合作社，充实当地农民的业余生活。有12.2%的农户认为专业合作社提供的文艺活动很重要，“好处很大”。

对于农忙时的互助服务，农村金融保险、卫生保健等社会保障服务，农民还是非常关注的，只是从调研来看能提供这项服务的专业合作社比较少。

（4）农户加入农民专业合作社的意愿分析

本研究通过对辽宁省216户农户的调查资料表明，64.22%的农户认为需要建立农民专业合作社。他们希望有一些组织或企业牵头组建专业合作社，提供各种有偿但相对于单干成本低的服务，其中有26.67%的农户认为现在十分需要的是各种类型的农民专业合作社，这些农户认为，现在全国范围内都在搞农民专业合作社，而辽宁在这方面则较落后，继续这样的话将更会阻碍当地经济的发展，更不能与其他地区接轨，只有逐步建立农民专业合作社，才能有效提高农民的市场竞争力。另外，21.56%的农户对参与农民专业合作社持无所谓的态度；剩余的14.22%的农户则认为不需要建立任何类型的专业合作社，对专业合作社持抵制态度。

在回答“您是否参加农民专业合作社”的问题时，有59.87%的农户选择“参加”，40.13%的农户填“不参加”。我们可以看出农户是否加入农民专业合作社的看法很不一样，有相当一部分农户对是否加入农民专业合作社持否定态度，但大部分农户希望能够加入组织，希望从专业合作社得到更多更好的服务。也就是说，在被调查的地区，是可以发展农民专业合作社的，有一定的组织基础和成长力。当然也说明还需加强对专业合作社的宣传，让更多农户通过了解专业合作社而产生对专业合作社的需求，否则会使专业合作社成长后继乏力。另外，大多数农民对专业合作社相关知识的缺乏及政府的支持力度不大更是制约了农民专业合作社的成长壮大。

调研研究显示，可得出农户加入农民专业合作社的四个主要因素，然后用五个等级来衡量每个原因因素，五个等级分别为："非常重要""重要""一般""不太重要""不重要"。然后利用 SPSS 统计软件进行分析，并通过排序计算出各个因素的相对重要性指数，构建指数计算模型如下：

相对重要性指数 = $(G_1W_1 + G_2W_2 + G_3W_3 + G_4W_4 + G_5W_5)/N$

在上式中：$W_1 \sim W_5$分别代表相应等级权重，也就是对应的"非常重要""重要""一般""不太重要""不重要"的权重，$W_1 = 1.0$，$W_2 = 0.8$，$W_3 = 0.6$，$W_4 = 0.4$，$W_5 = 0.2$；$G_1 \sim G_5$表示相应频率等级的样本；N 表示样本总量，N = 216 户。其计算结果见表 4.3。

表 4.3　专业合作社农户加入组织原因排序

序号	主要原因	相对重要性指数
1	获得所需的科学技术和信息	0.868
2	可使用一些自己买不起或单独买不划算的劳动机械工具	0.850
3	组织有机会和政府交涉，政府可了解农民的真实情况	0.732
4	联合起来实力大，可抵抗各种风险的能力	0.694

关于农户加入农民专业合作社的这些原因，农户普遍认为，他们处于一个信息相对闭塞的环境中。他们最希望的是获得劳动所需的科学技术和信息，在众多加入原因中其评估指数最高，为 0.868。

其次，由于单个农户经济能力较弱，很难买得起劳动所需的所有机具和设备。组织成立后，可以弥补单个农户力量薄弱的缺陷，有些工具是劳动所必需的但其利用率又不高的，单个农户买显然不划算，而如果组织购买，既能提高工具的利用率，达到资源的有效配置，又能相对减少农民的劳动成本投入。农民专业合作社可以为其提供成本较低的有偿服务，而农民的收入将提高，农业将得到发展，进而推动整个农村经济的发展，形成良性循环。该项作用的评估指数为0.85，和获取所需的科学技术和信息的指数十分接近。

再次，农民与政府之间不好直接沟通，农户遇到的问题不能及时反应到政府部门，而在农户加入农民专业合作社后，可由专业合作社出头为农民与政府进行交涉。此作用的评估指数为0.732。最后一项作用的评估指数为0.694，农户认为，只有当若干个农户联合起来组织专业合作社，他们的整体实力才能得到提升。

4.2.3 影响农户参与农民专业合作社行为因素的计量经济分析

4.2.3.1 构建影响因素的计量经济模型的选择

根据实际调研分析的需要，本研究应用二分类逻辑回归（Binary Logistic Regression），从而对影响农户参与农民专业合作社的因素进行分析。

本书研究内容中农户选择参与农民专业合作社，受年龄、性别、文化程度等因素的影响，将因变量 Y 本身只取 0，1 两个离散值，即 y = 1 定义为参加，y = 0 则为不参加，

而 $E(Y) = p = \beta_0 + \beta_1\chi_1 + \beta_2\chi_2 + \beta_3\chi_3 + \cdots + \beta_k\chi_k$，这表示在自变量为 X_i（i = 1，2，…k）条件下 Y = 1 的概率，因此，采用二元 Logistic 回归方程为：

$$p(y = 1 | x) = G(\beta_0 + x\beta) = G(\beta_0 + \beta_1 x_1 + \beta_2 x_2 + \cdots + \beta_k x_k) \quad (1)$$

（1）式中，p 表示概率，$y = 1$ 表示参加，G 是标准正态分布函数，$\beta(\beta_1, \beta_2, \cdots, \beta_n)$ 是系数估计值，$x(x_1, x_2, \cdots, x_n)$ 是解释变量，值得一提的是，上述该模型具有非线性的特点，因此，我们不能只是考虑某一个控制变量对相应变量的影响（在其他条件不变的情况下），从系数估计值 β 的符号就可以获知估计解释变量 x 对整体概率的影响；如果需要更加具体的看 x 对整体概率的影响关系，则要借助（2）式计算出边际影响。

$$\Delta p = G[\beta_0 + \beta_1(\bar{x}_1 + \Delta x) + \beta_2\bar{x}_2 + \cdots + \beta_k\bar{x}_k] -$$

$$G(\beta_0 + \beta_1(\bar{x}_1 + \beta_2\bar{x}_2 + \cdots + \beta_k\bar{x}_k) \qquad (2)$$

（2）式中，$G(\beta_0 + \beta_1(\bar{x}_1 + \beta_2\bar{x}_2 + \cdots + \beta_k\bar{x}_k)$ 为所有变量在平均水平下的整体概率发生值；$G[\beta_0 + \beta_1(\bar{x}_1 + \Delta x) + \beta_2\bar{x}_2 + \cdots + \beta_k\bar{x}_k]$ 为某单一变量 x 相对于其平均水平发生变动时的整体概率发生值；Δp 即边际影响，用来说明某单一变量 x 相对于其平均水平发生变动时整体概率的变动。

4.2.3.2 影响因素变量的定义

研究表明，农户合作需求行为的影响因素包括农户的个体年龄、教育文化程度、对专业合作社的认知程度等因素。在分析中，我们需要量化这些因素，然后利用计量经济模型对其影响农户合作行为的因素进行分析。在课题组的实地调研过程中，为研究计算便利起见，对这些变量的分类进行了合并。表4.4列出了被调研的各个被量化的影响因素。

表4.4　模型的变量名及量值

变量	取值	定义
年龄（χ_1）	0~4	0=20~25岁，1=26~35岁，2=36~45岁，3=46~59岁，4=60岁以上
所受教育程度（χ_2）	0~4	0=小学以下，1=小学，2=初中，3=职高/技校/中专/高中，4=大专及以上
认知程度（χ_3）	0~3	0=不了解，1=有点了解，2=比较了解，3=很了解
农产品销售问题	0~1	0=没有问题，1=有问题
资金问题	0~4	0=没有问题，1=问题很小，2=问题较小，3=问题较大，4问题很大
技术问题	0~4	0=没有问题，1=问题很小，2=问题较小，3=问题较大，4=问题很大
信息问题	0~4	0=没有问题，1=问题很小，2=问题较小，3=问题较大，4=问题很大
生产资料购买	0~4	0=没有问题，1=问题很小，2=问题较小，3=问题较大，4=问题很大

续表

变量	取值	定义
加工问题	0~4	0 = 没有问题，1 = 问题很小，2 = 问题较小，3 = 问题较大，4 = 问题很大
对为农组织的满意度	0~4	0 = 很不满意，1 = 不满意，2 = 较满意，3 = 满意，4 = 很满意
对政府支持政策了解	0~2	0 = 不了解，1 = 了解，2 = 很了解
对专业合作社提供服务满意度	0~4	0 = 无此服务，1 = 好处很小，2 = 好处一般，3 = 好处较大，4 = 好处很大
参与专业合作社的选择	0~1	0 = 不参加，1 = 参加

4.2.3.3 模型的建立

根据前面讨论的影响农户参与农民专业合作社意愿的各种因素，本研究建立了农户参与农民专业合作社意愿的实证模型。本研究建立的 Binary Logistic 模型是一个选择模型，在模型中假设样本服从 Logistic 分布而得名，对于 Binary Logistic 模型，通过采用最大似然估计法（Maximum Likelihood Estimation，MLE）对其回归参数进行估计，而 MLE 通过最大化对数似然值（Log Likelihood）来估计参数。在 SPSS 回归软件中，分析结果所提供的检验统计量为 -2 对数似然值（-2 Log Likelihood，即 -2LL），因为 -2LL 近似服从卡方分布且在数学上更为方便，所以 -2LL 可以用来检验 Binary Logistic 模型回归的显著性。

这里本书将农户加入农民专业合作社的意愿 Y 作为因变量，即 0 表示没有参加专业合作社，1 表示已经参加专业合作社，然后选取农户的个体年龄、教育文化程度、不同农村贫富差距、有关政府部门提供的服务及现存的各种专业合作社等因素作为自变量，应用二分类逻辑回归（Binary Logistic Regression）为农户对农民专业合作社需求的影响因素进行回归处理。

4.2.3.4 结果分析

本研究应用 STATA10 计量软件对 216 个样本的横截面数据进行了 Logistic 回归分析。在对模型的处理过程中，本研究采用了 backward conditional 方法，一是将所有变量引入方程，接着进行回归系数显著性检验，将显著性水平差的变量逐一剔除掉，最后重新拟合回归方程，直到方程中变量回归系数基本显著为止，模型回归结果如表 4.5 所示。现本研究对计量模型中回归结果做以下说明：

表 4.5 Binary Logistic 模型回归分析结果

解释变量	(1)	(2)	(3)	(4)	(5)
年龄	-0.031				
	(-0.5)				
文化程度	-0.617	-0.521	-0.504	-0.497	-0.496
	(-1.77 ***)	(-1.97 **)	(-1.96 **)	(-1.93 ***)	(-2.41 **)
认知程度	0.781	0.065	0.148	0.207	0.112
	(-1.07)	(-1.79 ***)	(-1.81 ***)	(-1.98 **)	(-2.398 **)
农村贫富差距	-0.928	-0.925	-0.958	-1.029	1.068
	(-1.46)	(-1.69 ***)	(-1.72 ***)	(-1.80 *)	(-1.94 *)
农业科技推广	0.664	0.665	0.603		
	(0.95)	(0.98)	(0.93)		
兴修农田水利	0.370				
	(0.5)				
代销农副产品	1.138	1.139	1.012	1.065	0.688
	(1.051)	(1.45)	(1.49)	(1.62)	(1.8 ***)
存在农民专业合作小组	1.112	1.145	1.09	0.950	0.692
	(1.46)	(1.58)	(1.6)	(1.69 ***)	(1.71 ***)
政府配合建立专业协会	0.662	0.576			
	(1.03)	(0.87)			
组织农业科技学习	1.338	1.338	1.267	1.101	0.924
	(1.87 ***)	(1.96 **)	(1.83 ***)	(1.85 ***)	(1.83 ***)
开办扫盲班	0.623	0.628	0.718	0.660	
	(0.83)	(0.89)	(0.93)	(0.89)	
C	2.775	0.931	1.176	0.993	1.791
	(0.8)	(0.79)	(0.97)	(0.85)	(1.99 *)

续表

解释变量	(1)	(2)	(3)	(4)	(5)
wald	13. 59	11. 34	10. 5	10. 3	9. 22
obj	216	216	216	216	216
对数似然值	35. 16	-35. 859	-36. 287	-36. 72	-38. 919

注：1. * 表示 1% 的显著性水平；** 表示 5% 的显著性水平；*** 表示 10% 的显著性水平。

2. 括号里的数据是方程各系数的 z 值。

（1）农户的个体年龄及教育文化程度对农户是否参与农民专业合作社行为有影响。其中每个农户中户主的文化程度对农户参与行为的影响比较显著，而户主的年龄对农户合作需求的影响却并不显著。由模型的结果可以看到，代表户主文化程度的系数估计值分别在 5% 和 10% 的显著性水平上通过了检验，系数为负数，这说明大多数低学历的农民更愿意参加农民专业合作社，他们的合作意愿比较大，而学历比较高的农民合作意愿并不强烈，甚至可以说是一种负意愿，因为，在农村一些高学历的农民视野更加开阔，他们更愿意通过开办乡镇企业、加工厂等方式致富，他们的选择途径多，对是否加入农民专业合作社的需求不是很强烈。因此本研究发现，户主的文化程度是影响农户合作需求的重要因素之一。

（2）农民的认知程度对农户参与农民专业合作社行为有影响。户主的认知程度对农户是否参与农民专业合作社的影响非常显著。通过回归结果我们发现，回归系数统计检验在 1% 的显著性水平上，其回归系数为正数，这说明农户对农民专业合作社的了解程度越高，其参与农民专业合作社的积极性就会越高，则其对专业合作社的需求也就越大。因此，户主的认知程度是影响农户参与农民专业合作社的重要因素之一。

（3）研究还发现农村贫富差距对农户合作意愿也有影响。模型的结果显示，代表农村贫富差距的系数估计值分别在 5% 和 10% 的显著性水平上通过了检验，系数为负数，这说明农村贫富差距的扩大会在一定程度上减少农户对农民专业合作社的加入意愿，贫富差距越大，农户对农民专业合作社的加入意愿越小。

另外，政府相关部门为农民提供的服务也对农户合作意愿有影响，现有的专业合作社对农户加入农民专业合作社意愿有影响。但是农户的土地规模对农户的选择影响不确定。

综上，被调查农户户主的教育文化程度、对专业合作社的认知程度、政府相关部门为农民提供的服务、现有的农民专业合作社等因素比较显著地影响了农户参与农民专业合作社的行为，这就验证了前面本研究的假设。

通过分析，本研究得出以下结论：

（1）从对未参加专业合作社的农户调查情况来看，大多数农户对农民专业合作社的了解还不够，但他们中还是有一部分希望能够加入组织中去，并得到专业合作社的帮助。这些都是辽宁农民专业合作社成长的潜在力量。

（2）本研究还发现，目前接近半数的农民专业合作社的服务功能还不强，服务不到位，对农户的吸引力不大。

（3）从实证分析的结果我们还可以看出，政府等有关部门提供的服务如组织农业科技学习、新品种新技术推广、代销农副产品以及开办扫盲班等都会催生未加入专业合作社农户的合作需求，使他们产生加入组织的愿望。

第五章　农民专业合作社成长中农户的合作行为分析

5.1 入社后农民在专业合作社成长中的作用和地位

农民成员是农民专业合作社构成的基本元素。与企业的雇员不同，他们既是农民专业合作社的投资者又是惠顾者，他们购买农民专业合作社提供的产品同时将自己的产品销售给合作社，他们是农民专业合作社的主体，是推动农业产业化经营的成长、实现农业现代化的生力军。

追求丰厚的投资回报是农民成员孜孜以求的最核心的利益，作为农民的自组织——农民专业合作社就是以农民成员内在利益需求为动机创立的。在农民专业合作社的初创阶段，农民专业合作社的利益与农民的利益几乎是重合的，只有这样，农民专业合作社才拥有源源不断的成长动力。

农民因为利益的追求组成了农民专业合作社，同时，农民专业合作社又成为农民共同利益的载体。农民专业合作社中的农民成员在这个利益共同体中，既是“劳动者”，同时又是“所有者”。因此，与企业的职工相比，成员与农民专业合作社的利益关系更直接、更紧密。

利益是理性人行为的根本目标和出发点。我国的农民是有限理性的，在市场经济条件下，农民专业合作社存在和成长的根本原因和动力是农民内在的利益需求。因此，了解目前农民专业合作社中成员的利益需求和关系、行为特征及影响因素，是促进农民专业合作社持续健康成长的的核心和关键。下面本书将重点探讨成员对农民专业合作社成长的影响。

5.2 农民成员对农民专业合作社成长的影响——基于73家合作社的调研

为厘清农民成员对农民专业合作社成长的影响，本研究实地调查了辽宁省部分农民专业合作社（合作社）。调查对象是各农民专业合作社的理事长（负责人），共调查了86家农民专业合作社，获得有效问卷73份，全面地调查了农民专业合作社的成长历史和现状以及与各利益相关者之间的关系。调查表明，近几年农民专业合作社成长迅速，涌现出了一批规模大小不等、组织化程度不同的农村新型专业合作社。这些农民专业合作社的成长特点各不相同，大部分专业合作社通过向专业合作社成员提供技术、信息、生产资料和农产品销售等各项服务，已经在辽宁省逐渐成长成为带动农民进入大市场、推进农村产业化经营、提高农民收入的十分重要的力量。

5.2.1 被调研合作社总体成长情况

从本书调研的73家农民专业合作社来看，农民专业合作社的成长现状和特点如下：

1. 成立时间

在被调查的73家农民专业合作社中，成立时间绝大多数在2007年以后。2007年以前成立的合作社只有4家（见表5.1）。调查表明，自2007年《中华人民共和国农民专业合作社法》颁布以来，农民专业合作社进入了加速发展阶段。

表5.1　73家农民专业合作社的成立时间分布表

成立时间（年）	2007年以前	2007	2008	2009	2010	2011
频数（个）	4	20	24	16	8	1
百分比（%）	5.5	27.4	32.9	21.9	10.9	1.4

2. 发起人

农民专业合作社因为发起人的不同可分为内生型和外生型两种类型。内生型农民专业合作社通常是由农户发起和创办的，一般是由农村的能人大户（如生产大户、营销大户等）利用能人大户自己拥有的技术或销售渠道牵头举办，其他农户参与组建而成的，或者是由村集体经济组织（如村委会）以当地主导产业为依托，把一部分生产该产品的农户组织起来形成的。而外生型农民专业合作社的发起或依托的单位可能是农业供销社、农产品营销企业龙头企业及政府相关职能部门等，这些企业和部门与农民组成利益共同体。

调查表明，农民牵头兴办的合作社占主体地位，占合作社总数的56.2%。其他兴办主体包括供销社、农技部门和龙头企业等，分别占合作社总数的26%、6.8%和13.7%（见图5.1）。

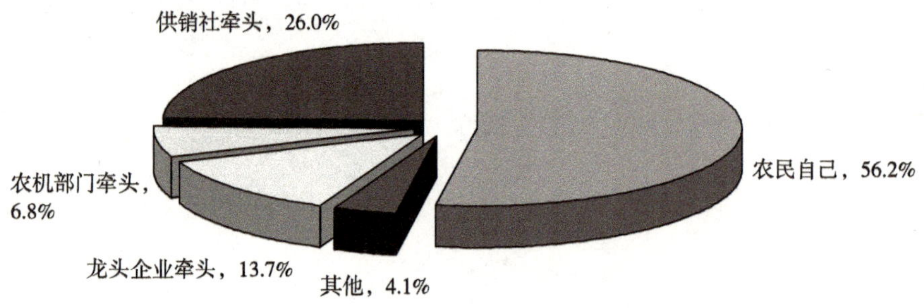

图5.1　农民专业合作社的兴办方式

3. 行业分布

农民专业合作社的行业分布较广，存在于农、林、牧、渔等多个行业，涉及的领域有林果、蔬菜、畜禽、水产品、花卉、农产品加工和其他产业。从行业划分上看（见图5.2），农民专业合作社的行业分布较广，其中种植业最多。在被调查的73家农民专业合作社中65%的农民专业合作社是从事种植业的。

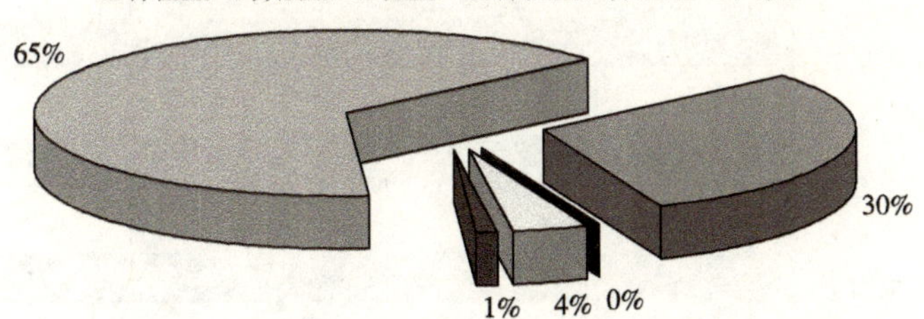

图 5.2　农民专业合作社的行业分布情况

总的来说，各地区农民专业合作社的成长呈现出明显的地域特色，与当地特色农业和农产品的专业化程度紧密相关，显示了农民专业合作社与当地农业主导产业的高度相关性。农民专业合作社的存在往往依托当地的特色农业产业，并为这些特色农业产业的发展服务。

4. 合作社的规模

调查表明，有相当一部分农民专业合作社的规模还比较小，有 13 家合作社的成员数不足 10 人，占合作社总数的 17.8%（见图 5.3）。

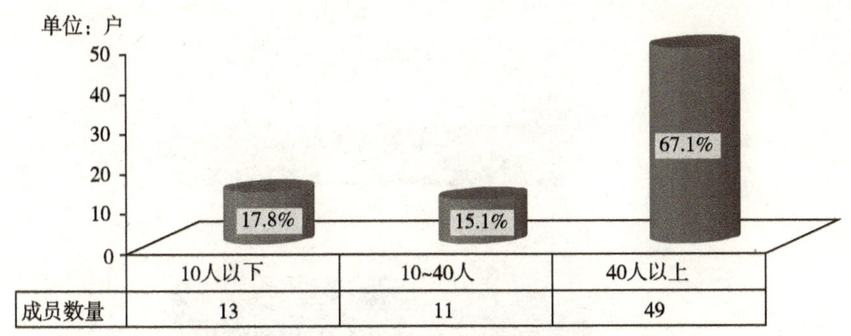

图 5.3　农民专业合作社的成员数量

5. 组织结构完善程度

大部分农民专业合作社建立了较为完整的组织结构框架，设有成员大会、理事会、理事长、执行监事或监事会等，个别合作社还聘用了职业的经理来管理和经营合作社（见图 5.4），并且理事长、理事会和监事会的产生基本遵循民主原则——经成员大会选举产生。

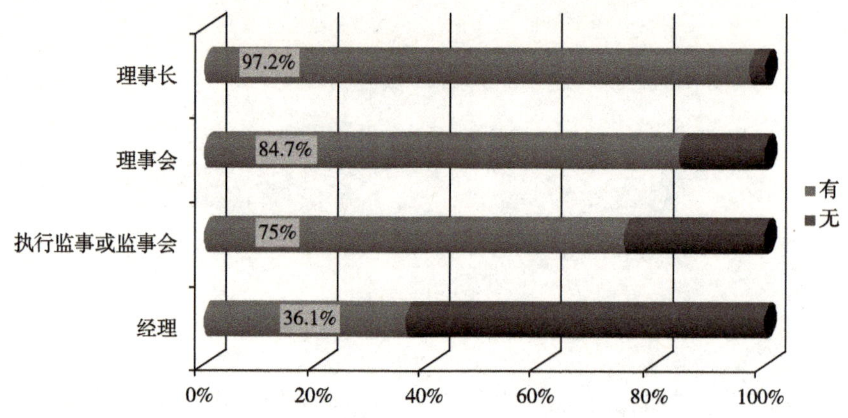

图 5.4 农民专业合作社的组织结构设置情况

调查表明有 67 家合作社设有理事会，其中 63 家理事会是成员代表大会选举产生的，理事会召开会议的次数逐年增加，说明理事会随着合作社的成长不断适应和完善自己的职能（见图 5.5、图 5.6）。另外有 88% 的合作社设立了监事会，46% 的监事会经常性地向董事会提出自己的监督意见。

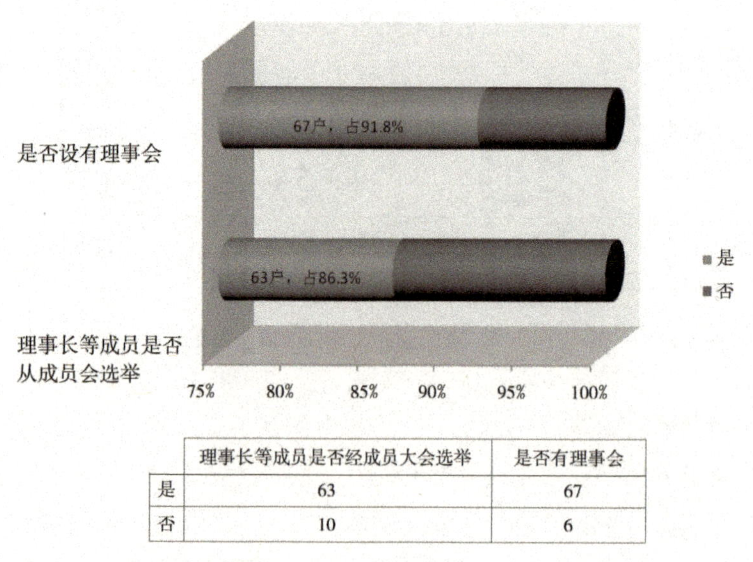

	理事长等成员是否经成员大会选举	是否有理事会
是	63	67
否	10	6

图 5.5 农民专业合作社理事会民主产生情况

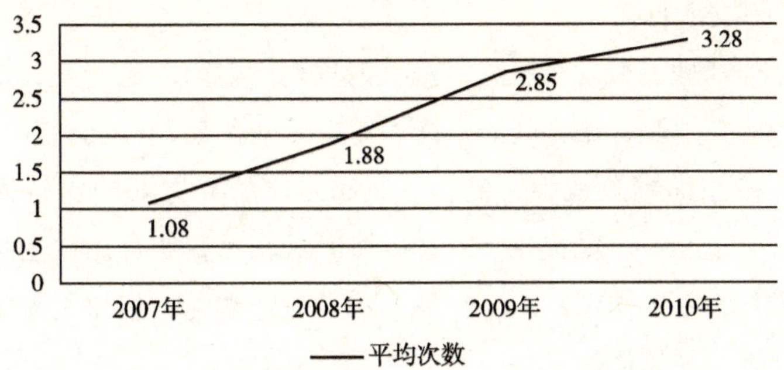

图 5.6　农民专业合作社理事会会议年均召开次数

6. 经营规模

调查表明，农民专业合作社的销售额和销售利润增长较快，但总体上销售额在1000万元以上的合作社不多，在5000万元以上的就更少了，大多数合作社的经营规模偏小。这说明，只有极少数的农民专业合作社能够接近或达到一般的农业企业的经营规模，还无法在市场上直接与之竞争或抗衡（见图5.7）。

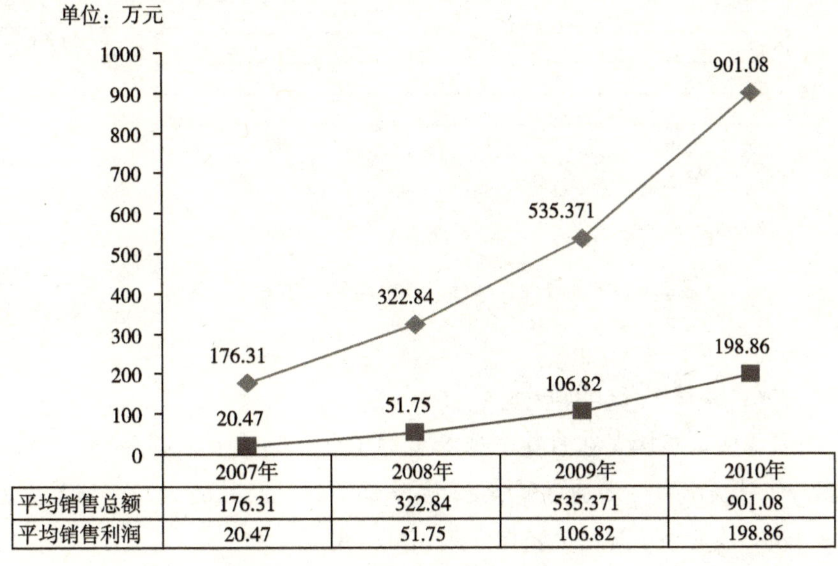

	2007年	2008年	2009年	2010年
平均销售总额	176.31	322.84	535.371	901.08
平均销售利润	20.47	51.75	106.82	198.86

图 5.7　农民专业合作社的经营规模

7. 政府支持

在对合作社理事长（负责人）访谈时发现，目前农民专业合作社最需要政府支持的是财政补贴，其次是技术支持（见表5.2）。而目前政府给予合作社的支持和优惠政策中，税收减免和人才培养方面的支持程度最高（见图5.8）。这说明，政府各部门日益加深对农民专业合作社在我国农村经济社会成长中重要作用的认识，并采取了一些措施，如加大力度开展农民和合作社方面的培训等。

表5.2　农民专业合作社需要政府支持的方面（N=73）

	财政补贴	信贷协调	税收优惠	技术支持	人才培训	政策指引	提供市场信息
频数	69	54	46	58	50	49	44
百分比（%）	94.5	74	63	79.5	68.5	67.1	60.3

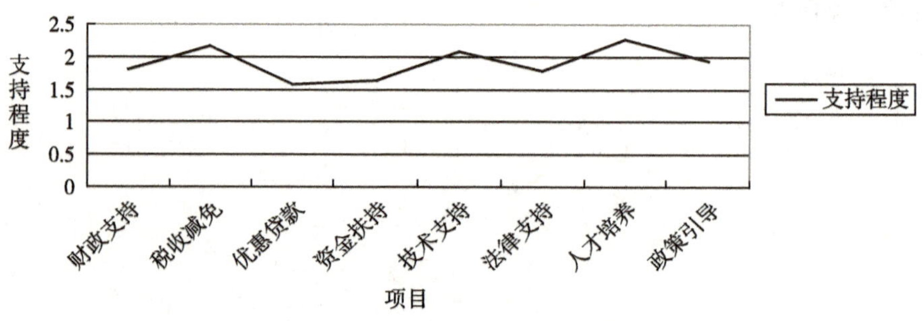

图5.8　农民专业合作社成长中得到政府支持的情况

8. 成长过程中存在的问题

调查表明，农民专业合作社成长过程中存在的首要问题是资金问题，56家合作社提出自己面临资金缺乏问题，占合作社总数的76.7%。其次是信贷问题、信息缺乏和产品销售问题（见图5.9）。

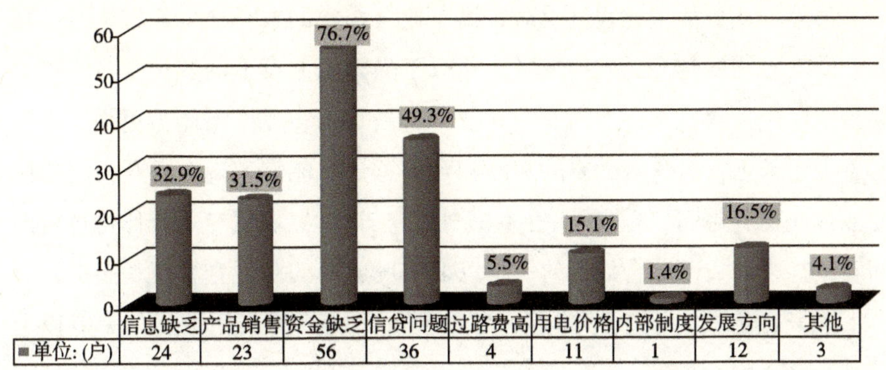

图 5.9　农民专业合作社成长过程中存在的问题

5.2.2 农民成员对农民专业合作社成长的影响

1. 农民成员的年龄和受教育程度

成员的年龄和受教育程度对农民专业合作社的成长影响较大。不同年龄的农民成员对合作社的认识和依赖程度不同。年龄越大的农户越趋向保守，不易接受新生事物。长期以来，受传统小农意识的影响，相当多的年长农户受以前“一大二公”运动的负面影响，对加入农民专业合作社心存疑虑，认为现在的农民专业合作社与原先的合作社没有区别，而农民合作教育的长期缺失，使其积极性、主动性调动不起来。在本书对辽宁省 73 家农民专业合作社进行的问卷调查中，72.6% 的农民专业合作社中一半以上成员的年龄在 40 ~ 50 岁之间，这就要求农民专业合作社必须向其成员普及合作社相关知识，加强宣传（见表 5.3）。

表 5.3　民专业合作社中 50% 以上农民成员的年龄分布

年龄	20 ~ 30 岁	30 ~ 40 岁	40 ~ 50 岁	50 岁以上
总数	73	73	73	73
频数	0	21	53	7
百分比	0%	28.77%	72.60%	9.59%

另外，成员的文化程度也对农民专业合作社的成长产生比较重要的影响。受教育程度越高的农民成员，相对于受教育程度低的农民成员，更容易接受新生事物，掌握运用农业新技术，新技术转化产出能力更强，更容易着眼于长远，且具备必要的契约和合作意识，能够实现自身利益与农民专业合作社利益的“双赢”。在本书对辽宁省73家农民专业合作社进行的问卷调查中，大部分合作社的一半以上农民成员的受教育程度是高中，只有1.37%的农民专业合作社中一半以上农民成员的文化程度是大专以上（见表5.4）。

表5.4　农民专业合作社中50%以上农民成员的文化程度

年龄	小学及以下	初中	高中	大专以上
总数	73	73	73	73
频数	6	54	16	1
百分比	8.22%	73.97%	21.92%	1.37%

2. 农民成员异质性

农民专业合作社是在现代化大市场的背景下，农民为了降低生产和流通成本，加强信息收集，增加收入而成立起来的。如果农民专业合作社是农民自发组织建立起来的，那么其成员无论是从利益诉求、产前产后的需求还是生产的地缘性都是同质的。第一，农民成员出于降低成本，提高自己在交易谈判中的弱势地位，增加收入的角度加入农民专业合作社。第二，产前和产后这两个环节是农民成员生产的薄弱环节。一般来说，一些生产、加工和销售同类农产品的农户也同样会对相同或类似的生产资料、生产技术、销售信息和销售渠道有相同或近似的需求，这也是一些农户之所以能够组织起来成立农民专业合作社的必要条件。第三，生产的地缘性也是农民加入合作社的主要原因。许多农民专业合作社是由同一村的农户组成。

但事实上，对辽宁省73家农民专业合作社的调查显示，农民自发组织起来的合作社占的比例较低，仅占15.3%。从合作社的形成和组建过程来看，辽宁省绝大多数农民专业合作社都是供销社职工、生产运销大户等能人大户、村干部、龙头企业代表等组建成立的。这些合作社的领办主体，无论在最初的制度订立还是日常的管理决策中都拥有着突出的影响力，而且这些领办主体往往既有经济资源，又有人力资源，还有社会资源，对于合作社的成长往往起着举足轻重的作用，甚至没有他们合作社就运转困难。与普通的农户相比，他们在资源禀赋、加入合作社的动机和目的以及在合作社创建和成长过程中的角色等方面都有所不同，形成了异质性。

目前，成员的同质性或异质性问题已成为合作社理论中一个重要的研究课题。从Levay（1983）提出了成员异质性问题，学者们就致力于从各个角度分析成员异质性对合作社的影响。我国学者黄胜忠（2008）就提出不同类型的成员在专业合作社内部的管理角色和他们参与目的都存在明显差别，因此很容易产生意见分歧甚至产生利益冲突。

通过对辽宁省73家农民专业合作社的问卷调查发现，辽宁省农民专业合作社中农民成员的异质性主要表现在以下几个方面：

第一，加入农民专业合作社前的属性。加入农民专业合作社的成员不同，其属性也各不相同。普通农民呈现给农民专业合作社的是其个人特征，如性别、年龄、文化程度等方面。而能人大户呈现给农民专业合作社的是其技术水平、生产经验、管理方式和决策水平。企业、事业单位或社会团体成员呈现给农民专业合作社的是其资金实力和社会关系网络。领办合作社的村干部呈现给农民专业合作社的则是其领导水平和在群众中的威望。这些成员的不同属性也决定了其对农民专业合作社成长的不同影响。

第二，加入农民专业合作社的动机。在被调查的73家农民专业合作社中，有企业事业单位等成员的有51个，占总数的69.86%；没有企业事业单位加入的有21个，比例是30.14%。其中有两个合作社外来的企事业单位成员有5个之多。加入农民专业合作社的成员不同，其加入的动机也各不相同。普通农民加入合作社是为解决生产上的难题，寻找销售上的渠道，来提高自身的收益。加入农民专业合作社的企业事业单位（供销社、龙头企业等）中，供销社领办农民专业合作社通常是为了寻求其所在供销社体制改革的出路，从而获得经济利益，并争取对农民专业合作社的管理权；而龙头企业参与组建合作社的动机则有两方面：一是可以通过农民专业合作社稳定企业的原料供应，二是可以获得政府的相关财政和税收方面的优惠支持。

第三，农民专业合作社内的角色。不同参与主体在农民专业合作社创建和成长过程中的角色不同。普通农民在合作社中主要充当惠顾者和参与者的角色，即使他们参与投资，由于出资额很小（这主要与他们的生产规模有直接关系，调查显示 65.71% 的合作社中成员的出资额和他的个人生产规模有联系），他们不可能在合作社中占主导地位。而具备一定资本实力的企业事业单位和个人成为农民专业合作社的发起者和领导者，在组织中扮演重要的角色。对辽宁省 73 家农民专业合作社开展的问卷调查中发现，有企业事业单位或社会团体成员参加的农民专业合作社中，这部分主体的股金占总股金的比例大部分都占 10% 以上，甚至占 50% 以上（见图 5.10）。这些都造成农民专业合作社中不同类型成员之间股份差异程度很大（见图 5.11）。

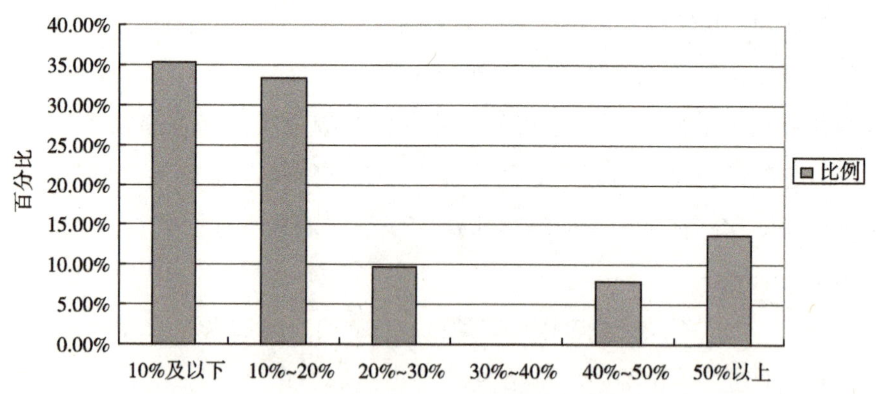

图 5.10　农民专业合作社内企事业单位成员持股比重

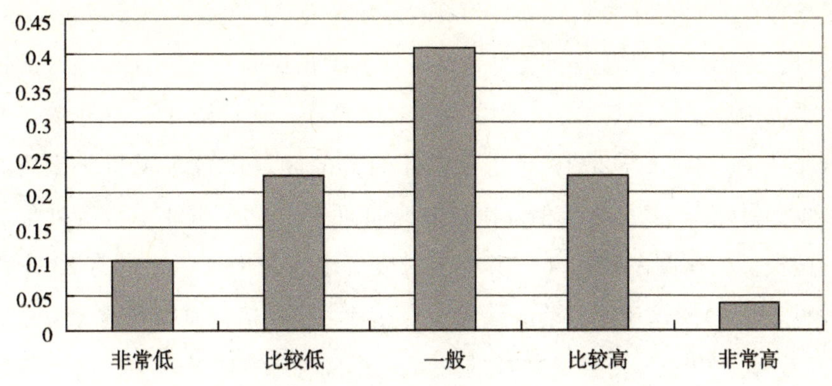

图 5.11　不同类型成员之间股份差异程度

且在很多农民专业合作社中有出资成员和非出资成员之分，调查表明 50.70% 的农民专业合作社有出资成员和非出资成员之分。股份的差异、是否出资的区别使农民专业合作社内部各成员的角色和地位各不相同，在调查中，有 41.67% 的合作社有核心成员和非核心成员之分。这就造成各成员在专业合作社内的话语权有很大的差别，对农民专业合作社成长的影响也各不相同。

第四，资源禀赋和能力。农民专业合作社内各成员的资源禀赋和能力也有很大的不同。目前，绝大多数农户所承包的土地规模都不大，其拥有的自然资源十分有限，只有极少数能人大户拥有相对较多的自然资源，这就是我国农业生产的现实情况。因此，从资源禀赋上，个体农户和生产大户或农户与龙头企业等企事业单位是不可比拟的。从能力上讲，普通农民的文化层次不高，小农意识强，合作意识差，普遍缺乏整体观和大局观，即使作为出资者他们也没有管理水平和能力领导农民专业合作社。而企事业单位和社会团体的代表作为各方面的“精英”，有广泛的人际关系网络和一定的管理水平，属于农民专业合作社的“稀缺资源”，是农民专业合作社成长必需的要素。

3. 农民成员之间的关系及对农村合作组织的控制

农村合作组织成员之间的信任和对专业合作社的认同和归属感，一般都是建立在他们相互之间关系的基础之上的，而这种关系是指亲缘关系。除父母、夫妻、兄妹等血缘之间的关系外，生长在同一村、同一地区的地缘关系也构成了农民基本的人际关系和社会资本。在被调查的73家农民专业合作社中，有16家农民专业合作社的全部成员来自于本村，比例为21.9%；另外57家农民专业合作社有来自外村（含企事业单位等外部成员）的成员，比例占78.1%，其中本村成员比例占80%以上的有23家之多（见表5.5）。这说明目前农民专业合作社主要是依托血缘和地缘关系成立的。因此，在农民专业合作社的发育成长和内部治理过程中，这种传统的农村社会关系与现代化的市场规则相交织反映了农民专业合作社不同于传统小农生产以及城市企业经营的特质，也必然会反过来影响农民专业合作社的成长。

表5.5　被调查的农民专业合作社内本村成员所占的比例

本村成员所占比例	100%	80% ~100%	50% ~80%	50%以下
合作社数量	73	73	73	73
频数	16	23	20	14
比例	21.9%	31.5%	27.4%	19.2%

但是当前我国普通农民在个人能力和资源禀赋方面的欠缺，使身为大多数的农民不得不把这种出于血缘和地缘信任结成的农民专业合作社委托于少数的能人大户、村干部、信用社或龙头企业等，由他们来主导合作社。目前，我国的农民专业合作社很少有聘请职业经理的情况，大多数合作社内部就形成核心成员治理的格局。如在被调查的农民专业合作社中，有41.67%的农民专业合作社有核心成员和非核心成员之分。这就可能出现普通农民成员出于自身利益的追求和自身能力的限制，放弃或让渡了对农民专业合作社决策权和剩余控制权的要求，从而换取在他们看来比较重要的进入市场和价格优惠等相关利益，来实现与一些关键性生产要素所有者的利益均衡。农民专业合作社内部的民主就变味了，成为管理者的内部控制，也就出现了所谓的所有权与控制权分离状态下的委托－代理问题。

社员免费搭便车、生产投资短视、投资组合失灵等问题也就不断衍生出来，这些都是造成农民专业合作社经营效率低下的原因（Cook，1995）。

4. 核心成员和普通成员的行为

作为农村合作组织经营者的核心成员，能够为农民专业合作社提供所需的资金资源、人力资源和社会资源等关键性生产要素，如何充分调动他们的积极性和主动性是促进合作社成长的又一关键课题。这些核心成员所拥有的资源既是合作社成功与否的关键性要素，又付出较多的成本，这样在所有成员之间分配时，就存在正外部性。当他们发现获取的平均收益不能弥补其付出的成本时，他们可能不会采取能够增加社会收益的行动，因此，农民专业合作社就需要制定有针对性的激励机制，在参与约束和激励相容约束的前提下减少核心成员（主要指经营者）的卸责行为，为成员谋取更多的利益。

在农民专业合作社成长过程中，除了应重视对核心成员行为的激励，还要采取措施约束普通农民成员的机会主义行为和搭便车行为。人有三种逐利动机：第一是机会主义行为的动机；第二是搭便车行为的动机；第三则是追求自利的动机。正是基于上述三类逐利动机，农民成员在农民专业合作社中就可能产生三类行为——机会主义行为、搭便车行为、正当合理的合作行为。由于机会主义行为的存在，合作社内就会滋生存疑和试探，专业合作社内的信任和信息就不完全，总有正反两种行为的对峙和消耗，导致农民专业合作社的效率低下。搭便车行为主要表现为专业合作社成员对农民专业合作社的建设和成长漠不关心，缺乏对合作社管理层的应有的监督等等。如果农民成员在产品生产过程中和向合作社交售产品时有违规使用农药和化肥、以次充好、掺假等行为，最终的结果将使合作社整体形象受损，全部成员的利益都要遭受损失。另外，大部分农民专业合作社都有自己的农产品品牌，农民成员就可能在维护品牌时“搭便车”，不承担品牌的维护成本。因此，为了农民专业合作社的可持续健康成长，就必须构建相应的机制来约束普通成员的机会主义行为和“搭便车”行为。

5. 成员的组织参与程度和社员权的保护

根据《中华人民共和国农民专业合作社法》，农民专业合作社的权力机构是成员大会，由全体成员组成，成员大会每年至少召开一次，会议的召集由章程规定。农民专业合作社可以设理事会和监事会。理事会是业务执行机关，而监事会是监督机关。农民专业合作社实行民主管理，根据社员自己经营管理的原则，农民专业合作社的最高决策权为社员大会所掌握，理事和监事都是由社员选举出来，并且理事会要受到全体社员的监督和控制。因此，成员大会是否能如期举行，能否起到应有的作用是衡量社员的组织参与程度的标准。

在对样本合作社的调查中发现，每个样本合作社都至少每年召开一次成员代表大会，其中有43家合作社每年召开1－2次成员代表大会，占总数的59%。其他30家合作社召开成员大会更为频繁，有的达10次之多。在投票方式上，这些农民专业合作社基本符合合作社法的相关规定，体现了合作社社员的民主管理原则，合作社投票方式以一人一票为主，占66.20%；其次是以一人一票为主，有附加表决权占33.8%。

农民专业合作社社员的组织参与程度还体现在他们在重大事务的决策方面。调查显示，有67家合作社在章程修订、选举或罢免理事长等重大事务中通过全体成员大会表决，占总数的91.8%（见表5.6）。

表5.6　社员通过成员大会对重大事务进行表决的情况（可多选，N=67）

重大事务	频数（个）	百分比（%）
章程修订	50	74.6
选举或罢免理事长	30	44.8
选举或罢免理事会成员	31	46.3
选举监事会成员	35	52.2
决定经理的聘任	22	32.8
合作社盈余分配	41	61.2
重大项目投资	37	55.2
重大筹资计划	32	44.8

从表5.6可以看出，只有章程修订和盈余分配的决策表决次数最多，

这说明社员对合作社重大事务的决策的参与程度不高，如选举或罢免理事长、选举或罢免理事会成员、重大筹资计划和决定经理的聘任等这些关系到农民专业合作社未来成长和涉及社员切身利益的重大决策，社员的参与程度并不太高。

而社员对于行使自己的权力、发表自己的意见并不太热衷，只有45.2%的农民专业合作社的社员向理事会或监事会较多或非常多地提出自己的意见和建议。在调查中发现，大多数社员不会经常向理事会和监事会提出自己的意见和建议（见表5.7）。

表5.7　农民专业合作社的普通社员是否经常向理事会和监事会提出自己的意见和建议

普通社员向理事会和监事会提出自己意见和建议的次数	非常多	较多	一般	较少	非常少
总数（个）	73	73	73	73	73
频数（个）	16	17	25	11	4
百分比（%）	21.9	23.3	34.2	15	5.5

农民专业合作社社员既是农民专业合作社提供服务的使用者又是所有者，他们的身份决定了他们不能将自己游离于农民专业合作社之外，提高社员的组织参与程度对加强农民专业合作社民主管理，实现农民专业合作社的战略目标，加快农民专业合作社的健康成长至关重要。

第六章　促进辽宁省农民专业合作社成长的对策建议

6.1 农户视角

1. 加大宣传力度，调动未入社农户参加专业合作社的积极性

通过网络、电视等相关传媒向农村宣传报道农民专业合作社的基本常识、本质特征、组织宗旨等，让农民了解加入农民专业合作社的各种好处，加强其对农民专业合作社的认知和好感，采取各种措施调动他们参与的积极性。此外，应加大力度对农民专业合作社的相关制度与内部管理方式进行宣传，增强广大农民对专业合作社的政策法规、运行模式、财务管理制度、利益分配规则等相关知识的了解，只有让农民多了解专业合作社，才有可能提高专业合作社的社会认同度，充分调动农民参与专业合作社的积极性。

2. 加强农民专业合作社成员特别是社员的素质教育，提高其对农村合作组织的认知和认同

农民专业合作社的成员特别是普通社员的素质直接决定了农民专业合作社未来的成长方向和成长的速度。因此，加强农村合作组织内部的文化知识的普及和提高对农民专业合作社的成长将大有裨益；农民专业合作社还要针对合作社的生产经营，对社员开展生产技术、农资供应、营销信息等方面的服务与培训，普及农业生产经营的相关知识；加强对农民合作社知识的教育和宣传。宣传、培训有关农民专业合作社的思想、知识、原则、办法，推进农民专业合作社的发展，动员更多农民参加合作社，引导

社会各界支持农民专业合作社的发展。

3. 有效发挥一人一票的民主决策机制，弱化成员间股份的差异

根据合作社法的相关规定，社员大会是决定农民专业合作社经营方针和各项重大经营事项的最高权力机构，社员无论所占股份多少，都享有一票的基本表决权。对于股金比例和交易额较大的成员，可赋予更多的投票权，但应按照农民专业合作社法的规定设置最高限额来弱化成员之间的股份差异。只有建立社员民主选举和决策机制，才能防止资本对于农民专业合作社的控制，避免背离大多数成员的意愿，保障社员的主体地位和经济利益。

4. 兼顾核心成员和普通成员的利益需求，建立合理的利益分配机制

大部分农民专业合作社内部存在着核心成员和非核心成员之分，这些成员的利益需求各异，这就要求农民专业合作社在建立和制定利益分配机制时，充分考虑各种成员的利益需求。农民专业合作社应采取多种层次、多种环节、多种形式的利益分配方式，既考虑到核心成员或大股东的利益需求又兼顾到普通社员的入社的初衷和现实的需要。如，既建立股份分红的盈余分配制度，又按照惠顾额返还盈余，让普通社员也得到实惠。同时，无偿提供信息、技术服务等，在生产资料采购和农产品销售中给予优惠等。

6.2 其他方面

1. 重视人才建设，增强专业合作社成长潜力

第一，大力引进农业科技人才和管理人才。在专业合作社发展初期，经常会遇到技术方面的难题，只有大力引进农业科技人才才能解决好技术落后的问题，才能使农民专业合作社持续发展，更好地服务于广大农民成员。第二，加强教育，提升农民成员的自身素质。一方面，专业合作社可以与大专院校合作，青年农民进大学学习相关的理论知识，增强自身的文化修养和技术基础；另一方面，在专业合作社内部建立人才培养制度，有

针对性地对农民开展专业合作社规章制度、科学化管理、专业化生产以及市场营销理论等方面的教育和指导。第三，提高领办人（负责人）专业技能和经营管理水平。以现有农民专业合作社的领办人（负责人）和农村的能人大户等农村的骨干分子为重点，进行定期的管理方面的培训，提高他们的组织能力和经营管理水平，使他们能够胜任农民专业合作社的“领头羊”角色。各级各地区各相关政府部门、农业院校科研院所都可以成为这方面培训的主办人，这些部门可以通过开办培训班的方式进行系统的企业经营和管理知识的培训，来提高农民专业合作社管理者的经营能力和管理水平，这对于专业合作社的管理者管好自己专业合作社的事务，培养其战略化、市场化的眼光，跟上现代市场经济的步伐，引领成员增产致富帮助巨大。

2. 开展多样化经营，提高农民专业合作社抵御风险的能力

由于农业生产的特点，农民专业合作社的生产经营受自然环境和市场波动的影响较大，因此适当地开展多样化经营是农民专业合作社扩大经营规模，提高农民专业合作社抵御风险能力的主要手段。多样化经营既包括经营品种的多样化也包括经营方式的多样化。农产品“卖难”问题一直是困扰农民的突出问题，农民专业合作社销售农产品的品种由单一型经营向多样化转变，可以激活市场，拓宽销路，解决农产品的“卖难”问题。同时，农民专业合作社还可以采取多种经营方式，如租赁、寄售、包销、期货交易等多种经营方式。只有这样才能更好地规避经营风险，使农民专业合作社得到长足的发展。

3. 加强制度建设，规范运行机制

一是要规范农民专业合作社登记管理制度。加强对农民专业合作社组织申办人的宣传和引导，特别强化专业合作社注册登记资料的认定和审核。给每个农民专业合作社建立信用档案，对那些经营不善、虚构专业合作社相关资料、虚报成员数以及虚假出资等专业合作社进行整治；二是建立健全农民专业合作社管理机制。要帮助指导农民专业合作社建立健全全体社员（代表）大会、理事会、监事会等必要的组织机构和议事规则，建

立健全符合农村专业合作社要求的决策管理、利益分配、信息服务、资金积累、风险防范等制度，科学合理地制订农民专业合作社章程；三是提高农民专业合作社的运行质量。要在专业合作社成员中间加大对专业合作社的宣传，引导专业合作社成员积极参与民主管理监督，切实履行管理职能，要求做到专业合作社领办人和成员和谐办社；四是要完善农民专业合作社的分配制度。在专业合作社内部建立二次返利机制和对于专业合作社成员特别是领办人的激励约束机制，对领办人采取报酬与专业合作社绩效挂钩的办法，充分调动大家的建社积极性。

4. 政府高度重视，管理专业合作社时注意把握尺度

政府应充分认识到农民专业合作社对农村经济发展、农民增收、农业产业化经营的重要作用，对专业合作社的管理一定要把握好尺度，"适当"定位、"适度"管理、"适时"服务、"适量"支持包含了政府有关农民专业合作社工作的全部内容。

（1）"适当"定位

在推动农民专业合作社产生、成长的过程中，政府必须对自身角色进行"适当"的定位，即要引导而不强迫，扶持而不干涉，为农民专业合作社提供一个宽松有序的制度环境，让市场机制充分发挥作用，从而使农民专业合作社真正优胜劣汰，健康成长。"适当"定位还体现在政府根据农民专业合作社成长的不同阶段，合理定位自己的行为。

（2）"适度"管理

目前，一些地方政府对农民专业合作社的行政管理较为混乱，政出多门，许多部门甚至干预到农民专业合作社的正常经营活动，使农民专业合作社的合法权益难以得到保证。还有一些政府对农民专业合作社的违规的行为视而不见。因此，政府应对农民专业合作社进行"适度"管理。政府既应努力建立一个规范、竞争和有序的健全的市场体系，维护和保障农产品市场的公平竞争，为农民专业合作社创造良好的市场环境，还应加强对农民专业合作社市场行为进行有效的监管，对所有违反市场竞争和合作原则的行为及时给予纠正。同时还要对农民专业合作社的财务进行监管，通

过审计，掌握农民专业合作社的经营、分配、债权债务情况，维护社员合法权益。最后在不干预农民专业合作社内部经营管理的前提下，适度地进行民主监督。

（3）“适时”服务

政府除对农民专业合作社进行引导和管理外，还应“适时”为农民专业合作社提供服务。服务的内容主要包括农产品和农用生产资料市场信息的发布和传递、农业生产技术的推广以及农村人才的培养等。建立与农民专业合作社的信息联系，及时、迅速、全面地为农民专业合作社的经营提供必要的市场信息是政府的首要服务主题；而制定实施适合农民专业合作社发展的教育培训计划，开展农民专业合作社的经营管理人员的相关培训工作，提高农民专业合作社管理人员的经营管理水平是政府服务工作的重点和难点。

（4）“适量”支持

政府对农民专业合作社的支持是必要的，也是合作社所期望的。本书在第五章列举了政府给予农民专业合作社的可能支持，包括政策支持、法律支持、资金支持、技术支持、税收支持、市场信息支持、人才支持等七个方面。“适量”支持是政府支持农民专业合作社成长必须坚持的原则。因为如果政府支持专业合作社过多，就会使农民专业合作社产生过度依赖，从而缺乏发展的主动性。如果支持过少和不提供支持，又容易坐视农民专业合作社陷入困境，无力发展。因此，提供“适量”的支持是政府为农民专业合作社健康成长所做的最佳程度。

参考文献

[1][美]约瑟夫·熊彼特．经济发展理论[M].北京:商务印书馆,1990.

[2][美]威廉姆森．资本主义经济制度[M].段毅才等译．北京:商务印书馆,2002.

[3][英]亚当·斯密.国富论(上,下卷).杨敬年译.西安:陕西人民出版社,2001.

[4]埃瑞克·G.菲吕博顿,鲁道夫·瑞切特编．新制度经济学[M].上海:上海财经大学出版社,1998.

[5]巴泽尔．产权的经济分析[M].上海:上海人民出版社,1997.

[6]蔡昉．合作与不合作的政治经济学——发展阶段与农民社区组织[J].中国农村观察,1999(5).

[7]蔡荣,韩洪云．合作社内部"影响成本"决定因素的实证分析——基于山东省苹果专业合作社的调查数据[J].经济评论,2011(5).

[8]曹利群．农村组织形态创新:现状与问题[J].农业经济问题,2000(10).

[9]查尔斯·莫瑞克兹．合作社结构与功能[M].成都:成都科技大学出版社,1993.

[10]陈宏辉,贾生华．企业利益相关者三维分类的实证分析[J].经济研究,2004(4).

[11]陈宏辉．企业的利益相关者理论与实证研究[D].杭州:浙江大学,2003.

[12]陈昕,滕悦,沈乐平．企业成长视角的利益相关者利益要求差异研究[J].商业经济与管理,2009(11).

[13]程巍．农民专业合作社职业经理人的培育模式研究[J].黑龙江八一农垦大学学报,2011(2).

[14]崔宝玉,李晓明．异质性合作社内源型资本供给约束的实证分析——基于浙江临海丰翼合作社的典型案例[J].财贸研究,2008(4).

[15]邓汉慧,罗玉娟．企业核心利益相关者共享控制权的理论基础——从人力资本产权的角度[J].商业研究,2008(5).

[16]邓汉慧．企业核心利益相关者利益要求与利益取向研究[D].武汉:华中科技大

学,2005.

[17]邓汉慧,张子刚. 企业核心利益相关者共同治理模式[J].科研管理,2006(1).

[18]邓汉慧,赵曼. 企业核心利益相关者利益要求实证分析[J]. 中南财经政法大学学报,2007(3).

[19]董一眉,曾佑新,浦徐进. 合作社中农户搭便车现象的治理:压力、声誉和行为引导[J].安徽农业科学,2011(3).

[20]杜吟棠. 合作社:农业中的现代企业制度[M].南昌:江西人民出版社,2002.

[21]樊丽明,解垩. 农民专业合作社与社员的相关因素:鲁苏湘宁四省区例证[J].改革,2010(12).

[22]龚天平. 利益相关者理论的经济伦理意蕴[J].上海财经大学学报,2011(6).

[23]管爱华. 从血缘互助到现代合作——对当代中国农民合作伦理的经验分析[J].苏州科技学院学报(社会科学版),2004(2).

[24]郭春丽,赵国杰. 基于成员异质性的农民专业合作社知识管理模式的研究[J].电子科技大学学报(社科版),2010(2).

[25]郭红东,蒋文华. 影响农户参与专业专业合作社行为的因素分析[J].中国农村经济,2004(5):10-16.

[26]郭红东,杨海舟,张若健. 影响农民专业合作社社员对社长信任的因素分析——基于浙江省部分社员的调查[J]. 中国农村经济,2008(8).

[27]郭红东,袁路明,林迪. 影响社员对合作社满意度因素的分析[J]. 西北农林科技大学学报(社会科学版),2009(5).

[28]郭媛媛. 基于利益相关者理论的关系营销战略研究[D].沈阳:辽宁大学,2007.

[29]郭贞. 旅游景区利益相关者利益诉求分析[J].商业文化(学术版),2009(4).

[30]韩俊,秦中春等. 我国农民专业合作社的发展现状与面临问题[J].广东合作经济,2006(10):14-16.

[31]韩喜平,李恩. 异质性视角下农民专业合作社管理协同研究[J].学习与探索,2011(6).

[32]郝桂敏. 企业需求、企业实力对利益相关者分类的影响研究[D].长春:吉林大学,2007.

[33]何坪华,杨名远. 中介组织降低农业家庭经营市场交易成本分析[J].农业技术经济,1999(4).

[34]何新明,张双文. 利益相关者理论在中国的实证研究基础[J].经济管理,2003

(19).

[35]何新明,林澜．企业利益相关者导向:组织特征与外部环境的影响[J].南开管理评论,2010(4).

[36]贺红梅．基于企业生命周期的利益相关者管理及其实证研究[D].成都:四川大学,2005.

[37]胡敏华．农民理性及其合作行为问题的研究述评——兼论农民“善分不善合”[J].财贸研究,2007(6).

[38]黄珺,朱国玮．异质性成员关系下的合作均衡——基于我国农民专业合作社成员关系的研究[J].农业技术经济,2007(5).

[39]黄珺,朱国玮．农民专业合作社形成机理的实证分析[J].农业技术经济,2008(03).

[40]黄胜忠,徐旭初．成员异质性与农民专业合作社的组织结构分析[J].南京农业大学学报(社会科学版),2008(3).

[41]黄胜忠．转型时期农民专业合作社的组织行为研究[M].杭州:浙江大学出版社,2008.

[42]黄祖辉．农民合作:必然性、变革态势与启示[J].中国农村经济,2000(8).

[43]黄祖辉,徐旭初,冯冠胜．农民专业专业合作社发展的影响因素分析——对浙江省农民专业专业合作社发展现状的探讨[J].中国农业,2002(3):12－21.

[44]黄祖辉,徐旭初．基于能力和关系的合作治理——对浙江省农民专业合作社治理结构的解释[J].浙江社会科学,2006(1).

[45]黄祖辉．中国农民专业合作社发展的若干理论与实践问题[J].中国农村经济,2008(11).

[46]贾生华,陈宏辉．利益相关者界定方法述评[J].外国经济与管理,2002(5):13－18.

[47]贾生华,陈宏辉,田传浩．基于利益相关者理论的企业绩效评价——一个分析框架和应用研究[J].科研管理,2003(4).

[48]贾宪威,江洪．合理利益联结下的农民专业专业合作社形式探讨[J].南方农业,2007(3).

[49]江若尘．企业利益相关者问题的实证研究[J].中国工业经济,2006(10).

[50]姜长云．我国农民专业合作社的发展态势[J].经济研究参考,2005(11):14－17.

[51]姜明伦等．农民合作的经济学分析[J].经济问题探索,2005(3):21－25.

[52]金慧君．旅行社及其核心利益相关者均衡发展探究[D].杭州:浙江工商大

学,2006.
[53]孔祥智等.现阶段农民专业合作社的基本状况、组织管理及政府作用[J].农业经济问题,2006(1).
[54]孔祥智,钟真,李明.农业社会化服务体系中的农资供应商:困境与出路[J].青岛农业大学学报(社会科学版),2009(2).
[55]孔祥智,蒋忱忱.成员异质性对合作社治理机制的影响分析——以四川省井研县联合水果合作社为例[J].农村经济,2010(9).
[56]冷建飞,王凯.农业上市公司价值成长性的动态多指标评价[J].生产力研究,2007(16).
[57]李成刚,罗聪.股权结构特征对公司成长影响实证检验[J].石家庄经济学院学报,2012(1).
[58]李俊男.基于生命周期理论的中小企业成长研究[D].成都:西南财经大学,2010.
[59]李昆,傅新红.重释农业合作社存在与发展的内在动因[J].农村经济,2004(1).
[60]李曼琳.农民专业合作社对农户收入影响的研究[D].杭州:浙江大学,2008.
[61]李美华.限度与效率:农民专业专业合作社发展中的政府行为分析[D].湘潭大学,2007.
[62]李晓慧,唐立峰.公司利益相关者分类研究[J].北方经贸,2010(1).
[63]李志荣.农民专业合作社职业经理人的职业能力研究[J].人力资源管理,2011(4).
[64]梁巧,黄祖辉.关于合作社研究的理论和分析框架:一个综述[J].经济学家,2011(12).
[65]梁巧.合作社对农户生产效益和规模效率的影响[D].杭州:浙江大学,2011.
[66]林曦.弗里曼利益相关者理论评述[J].商业研究,2010(8).
[67]林毅夫.小农与经济理性[J].农村经济与社会,1988(3).
[68]林毅夫.再论制度、技术与中国农业发展[M].北京:北京大学出版社,2000.
[69]刘蓓蓓,俞钦钦,毕军,张炳,张永亮.基于利益相关者理论的企业环境绩效影响因素研究[J].中国人口、资源与环境,2009(6).
[70]罗必良.经济组织的制度逻辑:一个理论框架及其对中国农民经济组织的应用研究.太原:山西经济出版社,2000.
[71]罗必良.提倡向农民学习——基于农民经济理性的经济学解释[J].农村经济,2004(8).

[72]骆清. 农民专业合作社带头人队伍建设探析[J]. 中国集体经济,2009(10).
[73]骆清. 农民专业合作社带头人成长路径研究[J]. 中国集体经济,2010(3).
[74]马歇尔. 经济学原理[M]. 北京:商务印书馆,1964.
[75]马彦丽,林坚. 集体行动的逻辑与农民专业合作社的发展[J]. 经济学家,2006(2):40-45.
[76]马彦丽. 我国农民专业合作社的制度解析[D]. 杭州:浙江大学,2006.
[77]马彦丽,孟彩英. 我国农民专业合作社的双重委托—代理关系——兼论存在的问题及改进思路[J]. 农业经济问题,2008(5).
[78]苗珊珊,张松槐. 农民专业专业合作社成长机理研究[J]. 合作经济与科技,2009(15).
[79]缪建平. 我国农民专业合作社发展的新特点及新趋势. 北京:中国财政经济出版社,2004.
[80]潘劲. 中国农村专业专业合作社的发展研究:中国农村发展研究报告[M]. 北京:中国社会科学院社会文献出版社,2003.
[81]潘小玲,邓莹. 旅游景区开发中核心利益相关者分析[J]. 现代商贸工业,2010(7).
[82]契约经济学[C]. 李风圣等主译. 北京:经济科学出版社,1999.
[83]邱俊杰. 农民专业专业合作社各利益主体间关系研究[J]. 广东农业科学,2011(17).
[84]任大鹏,郭海霞. 多主体干预下的合作社发展态势[J]. 农村经营管理,2009(3).
[85]宋小丹. 主要利益相关者显性利益与中小上市公司业绩转向关系研究[D]. 长沙:中南大学,2008.
[86]宋阳. 基于商业生态系统的中小企业成长机制研究[D]. 徐州:中国矿业大学,2009.
[87]宋宇宁. 基于核心利益相关者的企业环境信息披露内容研究[D]. 青岛:中国海洋大学,2010.
[88]孙亚范. 新型农民专业专业合作社发展研究[M]. 北京:社会文献出版社,2006.
[89]孙亚范,余海鹏. 社员认知、利益需求与农民合作的制度安排分析——基于江苏的调研数据[J]. 南京农业大学学报(社会科学版),2009(2).
[90]孙亚范. 农民专业合作社的利益机制及其激励效应评析[J]. 学会,2010(1).
[91]孙亚范. 社员利益需求、行为激励与农民专业合作社的制度分析——基于江苏社员农户的调研数据[J]. 华东经济管理,2011(1).

[92]孙亚南．中小企业核心利益相关者利益要求研究[D]．南京:河海大学,2007.
[93]覃永秋．农民专业合作社发展中的政府行为研究[D]．武汉:华中农业大学,2008.
[94]唐敏．论合作社演进的必然性及本质[J]．中国合作经济,2004(12):82－84.
[95]汪雪．基于利益相关者理论的公司治理研究[D]．广州:华南师范大学,2007.
[96]王唤明,江若尘．利益相关者理论综述研究[J]．经济问题探索,2007(4).
[97]王辉．从“企业依存”到“动态演化”——一个利益相关者理论文献的回顾与评述[J]．经济管理,2003(2).
[98]王加林．影响企业可持续成长能力关键因素分析——基于知识经济视角[J]．企业导报,2011(18).
[99]王军．公司领办的合作社中公司与农户的关系研究[J]．中国农村观察,2009(4).
[100]王军．中国农民专业合作社社员机会主义行为的约束机制分析[J]．中国农村观察,2011(5).
[101]王身余．从“影响”“参与”到“共同治理”——利益相关者理论发展的历史跨越及其启示[J]．湘潭大学学报(哲学社会科学版),2008(6).
[102]王养成,张俊杰．企业不同发展阶段的人力资源战略与策略[J]．中国人力资源开发 2004(5).
[103]王咏源．基于客户价值创造的客户关系研究[D]．天津:天津大学,2004.
[104]吴超群,贾宪威．影响农户与农民专业合作社稳定关系的因素分析——基于四川参合农户视角[J]．安徽农业科学,2010(19).
[105]吴玲,贺红梅．基于企业生命周期的利益相关者分类及其实证研究[J]．四川大学学报(哲学社会科学版),2005(6).
[106]吴甜甜．我国农民专业合作社发展中的政府行为研究[D]．合肥:安徽大学,2010.
[107]武丽芳．基于利益相关者理论的公司治理研究[D]．呼和浩特:内蒙古工业大学,2005.
[108]夏英．农村合作经济:21 世纪中国农业发展的必然选择[J]．中国供销合作经济,2001(4):24－27.
[109]徐旭初,黄祖辉．中国农民专业合作社的现实走向:制度、立法和国际比较[J]．浙江大学学报(人文社会科学版),2005(2):59－65.
[110]徐旭初．中国农民专业专业合作社的制度分析[M]．北京:经济科学出版社,2005.
[111]徐旭初．农民专业合作:基于组织能力的产权安排——对浙江省农民专业合作社产权安排的一种解释[J]．浙江学刊 2006(3).

[112]徐旭初,周晓丽. 基于社员角度的农民专业合作社内部信任的影响因素研究[J]. 商场现代化,2011(16).

[113]徐彦. 陕西农民专业合作社成长机制研究[D]. 咸阳:西北农林科技大学,2008.

[114]徐勇. 如何认识当今的农民、农民合作与农民组织[J]. 华中师范大学学报(人文社会科学版),2007(1).

[115]严东,崔红梅. 农民专业合作社对促进新农村建设作用探讨[J]. 科学与管理,2007(27)

[116]杨海舟. 影响社员对社长信任的因素研究[D]. 杭州:浙江大学,2008.

[117]杨林,易可君. 从股东赢到利益相关者共赢——重塑上市公司价值观[J]. 财经理论与实践,2003(1).

[118]杨淑娥,韩志丽. 复杂性科学观下的高科技企业成长机制与成长指数设计[J]. 经济管理,2006(6).

[119]易开刚. 提升客户价值与企业持续成长的传导机制研究[J]. 哈尔滨学院学报,2004(8).

[120]应维云,覃正,李秀. 面向客户全生命周期价值的客户行为分析决策支持研究[J]. 情报杂志,2008(6).

[121]于法稳. 农民专业专业合作社发展问题研究——以北京为例[J]. 开发研究,2003(6).

[122]于华江. 试论农民专业专业合作社资金短缺的解决途径[J]. 中国农村经济,2006(6).

[123]苑鹏. 试论合作社与股份公司的本质区别与相互联系[J]. 农村经营管理,2007(2):32-35

[124]曾文革,王热.《农民专业合作社法》关于社员权相关规定的缺失及其完善[J]. 法治研究,2010(6).

[125]曾小丰. 湖北省科技型中小企业成长环境研究[D]. 武汉:武汉科技大学,2005.

[126]张斌. 我国农民专业合作社发展中的政府行为研究[D]. 保定:河北农业大学,2006.

[127]张广胜,周娟,周密. 农民对专业合作社需求的影响因素分析——基于沈阳市200个村的调查[J]. 农业经济问题,2007(11).

[128]张靖会. 同质性与异质性对农民专业合作社的影响——基于俱乐部理论的研究[J]. 齐鲁学刊,2012(1).

[129]张舒．基于利益相关者理论的农业旅游共同参与模式研究[D].重庆:重庆师范大学,2007.

[130]张晓山．合作经济:解决“三农”问题的金钥匙[J].中国合作经济,2005(4):23-24.

[131]张晓雯．农户对专业合作社依存性影响因素分析——基于山东等四省408户农户调查数据的分析[J].中央财经大学学报,2011(1).

[132]张雪峰．江苏省农民专业合作社利益机制分析[D].重庆:西南大学,2011.

[133]张珣．客户—员工忠诚、客户—公司忠诚形成机制研究[J].市场周刊(理论研究),2010(1).

[134]张燕．基于利益相关者理论的关系营销战略研究[J].市场周刊(理论研究),2008(10).

[135]赵慧芬．农民专业专业合作社发展制约因素分析[J].山东农业大学学报(社会科学版),2005(1):53-55.

[136]赵继新．中国农民专业合作社发展研究[D].北京:中国农业大学,2004.

[137]周礁．对利益相关者排序及分类的研究[D].大连:东北财经大学,2007.

[138]周立群,曹利群．农村经济组织形态的演变与创新——山东省莱阳市农业产业化调查报告[J].经济研究,2001(1):69-83.

[139]周三多,周建．新经济的时代特征与企业战略范式的转型[J].南开管理评论,2002(1).

[140]朱永红．我国农民专业合作社发展中的政府行为研究[D].成都:电子科技大学,2009.

[141]庄小琴,刘勇．中国农民专业合作社发展研究[J].厦门大学学报(哲学社会科学版),2009(3).

[142]庄玉梅．基于企业成长视角的核心利益相关者界定[J].山东社会科学,2010(10).

[143] Alchian, Demsetz. Production Information Costs and Economic Organization [J], American Economic Review, 1972:777-795.

[144] Banerjee, A. D., D. Mookherjee, K. Munsh, D. Ray. Inequality, Control Rights, and Rent Seeking: Sugar Cooperatives in Maharashtra [J]. Journal of Political Economy, 2001(109[1]):138-190.

[145] Barraud-Didier, Valérie. The Relationship Between Members' Trust and Participation

in the Governance of Cooperatives: The Role of Organizational Commitment[J]. International Food and Agribusiness Management Review , 2012,1(15)

[146]Barton, D. G. Agricultural cooperatives: An American Economic and Management perspective. Farmer Cooperatives, Taizhou, Zhejiang, P. R. China, 2004.

[147]Blair M. M. 1995a. Ownership and control: rethinking corporate governance for the twenty first century. The Brooking Institution, Washington DC.

[148]Bruce R. Barringer, Foard F. Jones and Donald O. Neubaum. A quantitative Colltent analysis of the charaeteristies of rapid—growth firms and their founders[J]. Journal of Business Venturing, Volume20, Issue 5, 2005. 09:663 - 687.

[149]Clarkson, Max B. E. A Stakeholder Framework for Analyzing and Evaluating[J]. The Aeademy of Management Review, 1995, 20(1). Journal of Marketing Theory and Prentice, 1997, 5(2).

[150]Cook, M. L. The Future of U. S. Agricultural Cooperatives: A Neo - Institutional Approach[J]. American Journal of Agricultural Economics. 1995, 77(10): 1153 - 1159.

[151]Cotterill, R. W. and W. P. Putsis, Jr. Testing the Theory: Assumptions on Vertical Strategic Interaction and Demand Functional Form[J]. J. Retailing, 2001(77):83 - 109.

[152]Drucker, P. 1995. The Practice of Maagement. Newyork: Harper & Row.

[153]Edith T. Penrose. Theory of the Growth of the Firm. NewYork, J. Wiley & Son, 1959 Greiner Larry E. Evolution and Revolution as Organizations Growth Harva Business. Review July August, 1972.

[154]Freeman, R. E.. Strategic Management: A stakeholder approach Boston: Pitman, 1984.

[155]Fulton, M.. The Future of Canadian Agricultural Cooperatives: A Property Rights Approach, American Journal of Agricultural Economics, P1153 - 1159, 1995.

[156]Garnevska, Elena, Liu Guozhong. Factors for Successful Development of Farmer cooperatives in Northwest China[J]. International Food and Agribusiness Management Review, 2011 4(14)

[157]Goodhue, R. E. Broiler Production Contracts as a Multi - Agent Problem: Common Risk, Incentives and Heterogeneity[J]. Amer. J. Agr. Econ, 2000(82):606 - 622.

[158]Goodpaster, K. E. 1991. Business ethies and stakeholder analysis[J]. Business Ethics Quarterly 1(1):53 - 74.

[159]Hendrikse, G. W. J., C. P. Veerman. Marketing Cooperatives: An Incomplete Contrac-

ting Perspective[J]. Journal of Agricultural Economics, 2001 a,52(1):53 - 64.

[160]Hendrikse, G. W. , J. Screening. Competition and the Choice of the Cooperative as an Organizational Form[J]. Journal of Agricultural Economics, 1998 49(2):202 - 217.

[161]Iehack Adizes. Corporate Life cycles: How and why corporations grow and die and what to do about it [M],N. J: Prentice Hall,1989:10 - 15.

[162]Jenosn,M. C. ,Meckling,W. H. ,Theory of Firm: Managerial Behavior,Ageney Cost And Ownesrhip Structure[J]. Journal of Financial Ecnomocis, 1976 3:305 - 360.

[163]Jensen, Michael C. and William Meckling. Right and Production Functions: An Application to Labor - Managed Firms and Codetermination[J]. Journal of Business, 1979 (52):469 - 506.

[164]Karantinis, K. and A. Zago. Endogenous Membership in Mixed Duopsonies[J]. American Journal of Agricultural Economics, 2001 83(5):1266 - 1272.

[165]LeVay, C. Agricultural Cooperative Theory: A Review[J]. Journal of Agricultural Economics,1983(34):1 - 44.

[166]Mitchell, A. & Wood, D. Toward a theory of stakeholder identification and salience: Defining the Principle of Who and What Really Counts[J]. Academy of Management Review,1997,22(4):853 - 886.

[167]Nilsson. J. , Grunnarsson. l. The PLC Cooperatives in the Irish Dairy Sector. In J. Birchall(Ed.). The World of Cooperative Enterprise. Oxford: Plunkett Foundation, 2000:67 - 78.

[168]Savage and Volkin. Co - operative Cretera. FCS Service Report 71, Farmer Co - operative Service. U. S. Department, Agr, 1965.

[169]Savage,G. T. ,Nix,T. W. ,Whitohead,C. J. & Blair,J. D.. Strategies for Assessing and Managing Organizational Stakeholders. Academy of Management Executive, 1991 5(2): 61 - 75.

[170]Sexton, R. J. Imperfect Competition in Agricultural Markets and the Role of Cooperatives: A Spatial Analysis[J]. American Journal of Agricultural Economics, 1990,72 (3):709 - 720.

[171]Sexton, R. J. Perspectives on the Development of the Economic Theory of Cooperatives [J]. Canadian Journal of Agricultural Economics,1984(32):423 - 436.

[172]Sexton, Richard J. The Formation of Cooperatives. A Game - Theoretic Approach with

Implications for Cooperative Finance, Decision Making and Stability[J]. American Journal of Agricultural Economics, 68, May 1986.

[173]Williamson, O. E. , Comparative Economics Ogranization: The Analysis of Discrete Sturctural Alternatives[J]. Administrative Science Quaretrly, 1991 vol. 36(June).

[174]Zhangyue Zhou. China Experience with Agriculture Cooperatives in the Era of Economic Reform[J]. China Agricultural Economic Review, 2004, 2(2): 244-245.

附录1：辽宁省农民专业合作社成长案例分析

1. 沈阳市于洪区农民专业合作社典型案例分析

1.1 于洪区基本情况

于洪区地处沈阳市西部和北部，东与大东、东陵、皇姑、沈河、铁西、和平区缘接，南与和平区满融经济区隔浑河相望，西与细河经济区、辽中县、新民市接壤，北与沈北新区比邻。1964 年建区以来，经过多次行政区划调整，现辖 12 个街道办事处、88 个社区、82 个村，辖区面积 499 平方公里，人口 65 万。

近年来，于洪区坚持以科学规划为引领，在 2010 年明确了以蒲河生态廊道建设为依托、全面拉开于洪发展空间的战略思路，确定了“两区、三基地”的总体定位和“一带、两城、五市镇”的空间布局（两区三基地，即现代化生态新城区、统筹城乡发展示范区，沈阳装备制造配套产业基地、沈阳经济区现代商贸物流基地和国家级现代农业示范基地；一带、两城、五市镇，即蒲河生态带，丁香湖新城和永安新城，平罗湾新市镇、马三家新市镇、蒲河温泉新市镇、光辉新市镇、九龙河新市镇），“十二五”期间，预计将在 2010 年的基础上，实现“经济总量三年再造一个新于洪，力争实现五年翻两番”的发展目标，预计“十二五”末期，于洪区地区生产总值将突破 1000 亿元，全区财政一般预算收入将突破 100 亿元。在科学规划的引领下，全区形成了区域统筹发展、产业快速发展、经济社会协调发展的强劲势头，先后进入了国家生态区、省级卫生城区、省平安区行列，成功获批国家现代农业示范区、沈阳经济区统筹城乡发展综合配套改革示范区。

在农业产业方面，于洪区始终坚持用工业化理念谋划农业发展，现代农业快速发展。作为全国16个农业高科技示范区之一，被命名为辽宁省“农业现代化示范区”，重点发展工厂化农业、设施农业、休闲观光农业，以平罗陆家浮板菜、小韩蔬菜工厂、德丰食用菌等为代表的工厂化农业发展水平不断提高。目前，全区共有农事龙头企业68家，千亩以上农业园区10处，农业生产基地63处，设施农业面积5000余亩，全区蔬菜、花卉、林果等经济作物种植面积已达28.5万亩，品牌蔬菜、北虫草、沙岭食用菌等一批特色种植业项目显现出强劲的市场竞争力，畜牧养殖业占农业经济的比重达到51.1%，粮食、肉、蛋、奶、蔬菜深加工等6大产业化链条基本形成。同时，浑河、蒲河、细河、九龙河于洪段水系得到有效整治，乡村造林总面积达到6.3万亩，旱田播种、施肥、打药等机械化水平达82%，现代农业发展达到全省领先水平，社会主义新农村建设在沈阳市先行起步。

1.2 于洪区农民专业合作社发展现状

于洪区农民专业合作社从2007年开始建立，总体按照“民办、民管、民受益”的办社原则，由最初的“边发展边规范”逐步走向“边规范边发展”，随着农民专业合作社的发展，农村土地流转规模经营、农产品参与国内外竞争等特点越来越突出，农民自愿办社、依法办社的积极性得到提高，农民专业合作社的运行质量不断提升。于洪区农民专业合作社发展主要呈现出四大特点：

一是发展数量不断提升。《农民专业合作社法》颁布后，于洪区广大农民入社积极性全面提高，截至2011年，于洪区已有各类农民专业合作社

242家，注册资金3.75亿元，拥有成员3722人，各类农民专业合作社带动周边农户达到3.5万户以上。近三年农民专业合作社数量发展平均增速达到58.9%，平均每个自然村拥有3家农民专业合作社，高于同期沈阳市每个自然村拥有近2家农民专业合作社的平均水平。

2014年于洪区农民专业合作社共有407家，2014年新增47家。其中，种植业261家，畜牧业65家，林业19家，渔业14家，农机服务业22家，农资7家，农业综合合作社8家，粮谷加工2家，草糜制品1家，繁育7家，水利服务1家，涉及粮食、果蔬、种子繁育、饲养、水产、农产品销售、农技服务等多个产业，一些跨地域、跨行业的农民专业合作社或联合社也开始出现，实现了生产、经营、销售、服务的一体化。

三是能人带头办社，已经成为推动农民专业合作社发展的中坚力量。从领办人的情况看，各类农村生产经营大户领办的占54%，村干部领办的占38%，农事龙头企业领办的占8%，其中绝大多数都是农村中有经营头脑、市场经济意识强，懂技术、善经营、会管理的产业带头人。这些人具备产业基础，渴望扩大生产规模，已逐渐成为发展农村主导产业的领军人物。

四是合作社内部管理逐步规范，已经出现一批典型示范社。经过近5年的发展，农民专业合作社已经成为于洪区农村经济领域的主要组织形式，在《农民专业合作社法》贯彻实施过程中，相关主管部门采取了边发展、边规范的方式，按照现代农业组织形式的要求，不断完善合作社的内部经营机制，具有活力的企业运营模式初步形成。例如，小韩村农业专业合作社，配套设施完整、建制齐全，有较强的市场竞争力，并与中国农业科学院签订了10年战略合作协议，成立了“小韩村蔬菜工厂院士工作站”；沈阳鑫叶蔬菜种植专业合作社，核心基地500亩，标准大棚100栋，积极开展“农销对接”活动，并与沈阳农业大学合作建立了“博士工作站”；沈阳市万财动物养殖专业合作社拥有成员376人，带动养殖户1500家，年产生皮15万张；沈阳市达永盛农机专业合作社，有会员112人，年农机作业3万亩以上，2011年被辽宁省授予“种粮大户”荣誉称号，一部分有规模、懂技术、会管理、懂营销的专业合作社的发展生机盎然。

1.3 于洪区农民专业合作社建设阶段性成果

经过近5年的发展，于洪区的农民专业合作社逐步壮大，影响力逐渐提升。尤其是2011年于洪区获批沈阳经济区统筹城乡发展综合配套改革示范区，于洪区积极围绕发展现代农业，逐步完善和实施农业结构调整规划，在规划完善和实施的过程中，农民专业合作社对农业产业发展和农村经济社会发展的作用不断凸显，也取得了一定的阶段性成果。

一是适应现代农业发展需要，实现了土地、劳动力等生产要素的重新组合。农民专业合作社已经成为于洪区承接土地流转、劳动力转移和主导产业发展的有效载体，发展设施农业大区，进行土地调整主要依靠合作社，全区117家种植专业合作社中，从事设施和高效农业生产的达到70%以上，一户带几户、几户带全村、几村带一乡的产业格局，有力地促进了优势主导产业区的形成。

二是集中推广各种现代农业技术，实现了农业标准化生产。由于合作社实行统一种植品种、统一技术标准、统一生产模式，大大提高了农业标准化生产水平。据不完全统计，全区每个生产型合作社至少采用一项或几项适用技术，这些技术的应用，不仅提高了农户的生产水平，也对周围农户起到了带动示范作用。

三是农户联合起来闯市场，生产适销对路农产品。组织起来的农民以合作社名义注册商标、主打品牌，使千家万户的小生产与千变万化的大市场实现有效对接，增强了农产品的市场竞争力。2014年于洪区农民专业合作社拥有著名商标1个、商标40个（包括3个图形商标），共计41个，新增商标7个。小韩村高端蔬菜、绿丰牛肉等已成为有影响的区域品牌，直接与超市或流通企业建立了产销对接关系，合作社产品已经走出辽宁甚至畅销全国。

1.4 于洪区助推农民专业合作社发展的主要做法

为了进一步强化农民专业合作组织建设，于洪区在2012年被国家农业部评定为国家级现代农业示范区后，积极创新了组织模式，成立了于洪区现代农业示范区管理委员会，下设于洪区推进农民专业合作社建设组织机构，出台了《于洪区推进农民专业合作社建设的实施意见》，对推动农民专业合作社进行了一系列有益尝试，取得了一定成绩。

一是提升了组织建设规范化：要求所辖各街道，在规定时间内，梳理区域内注册的专业合作社，按类分档，建立数据库，实行规范化管理，为于洪进一步提升对农民专业合作社的掌控、调控、服务的科学化水平奠定了基础，也为农民合作社的快速发展奠定了基础；

二是实施生产管理标准化：树立“五统一”服务手段，实现优质服务均等化，整体提升农民专业合作经济组织建设水平，使于洪的农民专业合作社逐渐摆脱了农户自发、组织方式原始、管理主观作用较强的特点，使合作社向企业化、现代化转型升级，有效解决了合作社结构松散、管理混乱等共性问题；

三是打造经营活动品牌化：引导农民专业合作社树立信用理念，实施品牌战略，积极开展“三品”认证等工作，明确了专业社发展目标，鼓励专业社发展壮大，积极参加3A级示范社的评比活动，出台扶持政策，支持一村一社，实施科技支农优先，给予贷款额度基准利率补贴、争创“三品一标”政策补贴、国际贸易额度补助、国家和省市农博会优质产品奖励，强化农超、农销对接，重点扶持行业发展典型合作社，专家、科技人员免费指导和授课。

1.5 制约于洪区农民专业合作社发展的主要问题

虽然于洪区农民专业合作组织发展迅速，但是一部分专业合作社由于种种原因，发展并不乐观，主要存在问题如下。

（1）少数干部、群众对合作社的性质、作用认识不清。农民专业合作社是深化农村改革的新生事物，一经工商注册就是一个新型的具有法人代表资格的市场主体，以增加农民收入为宗旨，其本质是农民自愿合作。但是，不少于洪区的干部和农民对农民专业合作社的概念认识不清，对它的性质、作用认识不明，以为注册了合作社就能享受扶持资金，新农村改造动迁能多得补偿金等一些现得利的错误意识，导致了部分专业合作社存在发展后劲不足、运行不规范等问题。例如，一些农民虽然参加了农机专业合作社，但也仅仅是把合作社当作一个购买农机产品、享受补贴的渠道，而对合作社在产前、产中、产后等的服务功能和作用缺乏全面了解，执行合作社章程规定的自觉性较差。

（2）农民专业合作社规模普遍偏小，大社、强社不多。有些社虽然登记注册，但存在空壳子、虚架子现象，生产经营活动并没有开展起来，部分农民专业合作社的会员在10人以下，力量比较薄弱，技术水平不高，难以形成规模化生产，没能真正发挥作用；农民专业合作社内部成员与合作社联系还不够紧密，在利益分配上，有些农民专业合作社还不能按成员交易量返还盈余。

（3）经营管理不够规范。从合作社发展情况来看，部分合作社重组建、轻管理，内部运作机制不够规范。《农民专业合作社法》对合作社的管理机制作了明确的规定，于洪区已依法登记注册的农民专业合作社都有比较规范的章程及有关制度文本，并按规定设立了理事会、监事会、社员大会等机构，但从实际运作情况看，大都流于形式，部分合作社运行没有按照制度、章程和程序办事，随意性较强，民主管理意识比较淡薄，不少合作社未按规定定期召开理事会、监事会和社员大会，科学民主管理与监督机制还未形成。

（4）缺少专职人员对农民专业合作组织的日常沟通、联络和指导服务。于洪区的区、乡（办事处）两级农经管理机构人员少，工作量大，根本无法安排专职人员从事该项工作，兼职人员也只能投入十分之一左右的精力来从事对农民专业合作组织发展的指导和服务，对尚处于起步阶段亟需帮扶的农民专业合作组织来说，既不止饥，也不解渴。

（5）服务面不广，层次较低。按照《农民专业合作社法》的规定，农民专业合作社应该以其成员为主要服务对象，提供农业生产资料的购买，农产品的销售、加工、运输、贮藏以及与农业生产经营有关的技术、信息等服务。于洪区多数农民专业合作社普遍限于产前的农资服务采购、产后农产品销售这些服务环节。部分专业合作社还没有做到统购统销，成员基本上是各自为战，一些新的服务领域还未拓展。

（6）带动作用不强。多数专业合作社包容吸纳意识相对淡薄，往往只注重自身原有成员，忽略了对周边农户的带动发展。这种局限性也体现在合作社的产业发展方面，一些合作社墨守原有的产业，对具有较好发展前景的新产业兴趣不足，造成了农民专业合作组织活力不强等问题。

（7）资金要素制约明显。首先，于洪区农民专业合作组织资金来源单一，主要靠农民自筹，合作社没有资产抵押，银行发放信贷比较困难，导致合作社资金缺乏，发展后劲不足；其次，农民专业合作组织的盈余除少量提取公积金用于扩大再生产外，大部分需要返还给社员，自我积累、扩大再生产能力受到严重制约；第三，农民专业合作组织目前从金融机构贷款还没有特殊的优惠政策，区级财政困难，无力提供资金注入到农民专业合作组织，而省市提供的示范社奖补资金也只能有不到5%的农民专业合作社可以享受到。

（8）人才队伍建设不力。在调研走访中我们发现，于洪区发展较好的农民专业合作社，除了具有管理科学、资金充足、理念先进等特点外，基本具有能人带动的特点，甚至可以说“有能人合作社才有希望”，但是目前于洪区并没有形成成熟的能人发掘、培养机制，能人的出现还依赖于自我成长，更谈不上形成队伍、产生带动引领作用。同时，农民合作社成员整体素质偏低，成员主要是由农民组成，其整体素质偏低。管理层人员也大都由种养殖大户、村干部、经纪人等组成，很少有人具备管理经验和专业管理知识。由于目前各专业合作组织的经济实力有限，难以吸引优秀的管理人才加入，短时间内很难在管理上实现质的改变。

1.6 小韩村农民专业合作社案例分析

小韩村农民专业合作社是于洪区典型农民专业合作组织，对小韩村农民专业合作社的成果原因进行深入探寻，总结小韩村的成功经验和主要做法，探寻其模式对于洪区推动农民专业合作组织发展的借鉴，也通过查找其还存在的不足之处，为区内农民合作组织的未来发展起到预警防范作用。

1. 小韩村农民专业合作社的产生背景

当前，随着各地城镇化进程的不断深入和加快，城市周边地区农民失地现象不断增多，并且还衍生出一系列影响和谐的不稳定因素。“城中村”该何去何从逐渐成为困扰区域发展的主要问题之一。近年来，地处沈阳城市结合部的于洪区大力推进统筹城乡工作，并获批成为沈阳经济区统筹城乡发展综合配套改革示范区，在推进相关工作的过程中，这些问题也得到了相应体现。

从大背景来看，我国主要以资源转化实现农业产业化经营破解相关难题，通过推动失地农民转化为产业工人，走可持续发展道路。目前，我国的农业产业化经营可以归纳为外部导入型和内部生发型两种类型。其中，以“公司+农户”为代表的外导型是当前农业产业化的典型形式，即由独立于农民之外的企业为龙头，带动农民和农产品进入市场。但由于利益主体不同，它虽然实现了农工商一体化经营，提高了农业的比较效益，却很难实现让农民分享农业一体化经营中的平均利润的目标。另外，以“合作社+公司”为代表的内生型模式，是由农民自身组织的合作社来办龙头企业，实现农业一体化经营和企业化管理，使农民分享产业化经营的平均利润，实现产业化经营的目标。但是，这种模式往往由于农民自身组织的合作社资金有限，人才短缺，创办的龙头企业一般规模较小，对农户的带动能力和带动范围有限，市场竞争力比不上外导型的龙头企业等劣势，难以在短时间内成为“城中村”转移升级的主要路径。

在这样的时代背景下，小韩村也面临着自身发展的特殊性：小韩村隶属于沈阳市于洪区北陵街道，地处沈阳北部城乡结合部，共有村民1292户，在籍农业人口3599人，原有土地总计3300余亩。计划经济时期，小韩村受困于人均土地偏低，土质贫瘠而成为所在地区有名的落后村屯。1990年后，沈阳城市向外拓展加速，土地补偿金水涨船高，小韩村土地在进入拓展范围之后，贫困多年的小韩村人面临的是一夜暴富的诱惑。在这样的条件下，如果草率选择“资源向消费”转化，往往容易使村民过度消费后再次陷入发展困境。但是，选择走“资源向资本”转化的道路，是引入外导型还是内生型模式，同样难以选择。

2. 做法和经验

目前，小韩村的失地农民已经走出了一条以股份制改革为总领，发展重点特色产业项目为主体，以还富于民为保障，以统筹发展为动力的特色突围道路。特别是在当前各地区城市化进程不断加快的情况下，小韩村农民专业合作社的发展模式也为破解“城市外缘地区变为城中村”带来的一系列发展、稳定难题，带来了很好的示范作用，做法主要体现如下。

第一，创新体制，以股份制改革赋予资源更大活力

面对土地补偿带来的巨大资金，小韩村人也曾面对突然掌握资金剧增，投资趋于盲目消费型、生活趋于奢侈攀比型、生产趋于坐吃山空型的困境，在看到其他城中村一夜暴富后迅速致贫的教训后，小韩村在“能人”王心智的带领下，选择了“资源转化资本”的发展模式。在具体操作中，将部分土地补偿金纳入村集体积累，建立股份经营合作制，通过实行公司化运作，率先抢抓城市发展机遇，通过土地资源向产业资本转化的经济路径，大力发展新兴“三农”项目，扩大集体财富积累，提升村民生活品质，在推进发展模式创新中实现了跨越式发展。

第二，立足优势，加快产业项目建设

随着城市的扩张，城市人口的增加，城郊耕地的锐减，郊区土地增值和农副产品价格上涨是长期趋势，到远郊购置土地，发展新兴农业项目有

广阔前景，也符合国家新农村建设的政策导向。基于这样的考虑，小韩村在投资方向上选定“三农”项目。

一是大力发展高附加值绿色蔬菜工厂。村里投巨资到远郊购置土地1000亩，创办了全省首家农业专业合作社。建起常年连续生产的大型连栋式玻璃幕墙蔬菜工厂。采用计算机控制系统，立体化多层次无土栽培种植技术，生产绿色蔬菜，各种新奇特叶菜、果菜、根菜十余类百余个花色品种，以订单方式进入各大宾馆酒店，用盒式精包装进入各大超市，价格高于集贸市场几倍，仍然满足不了需求。由于农业专业合作社实现了生产组织的创新，为农民致富路上消除了一切后顾之忧。

二是大力发展食品加工业和相关产业。村里滚动投资亿元资金，创建了集饲养、屠宰、加工于一体的绿丰食品有限公司，产品出口到诸多非洲国家和东南亚国家，被国家大型体育赛事、博览会等确定为指定入会食材，进入沈阳等大城市数百家大型超市。目前，绿丰公司已经形成年销售额数亿元生产能力。村里还抓住国内高端食品检测仪器需求量大的市场信息，投资建起生物工程有限公司，聘请中科院、农科院、自然科学院院士提供技术支撑，生产的微生物快速检测系统在食品检测等领域有广泛用途，是国家“十一五”重大科技项目，已经取得4项国家专利，市场需求成倍增长，展现了广阔的商业前景。

三是流通业向涉农旅游市场和资本市场挺进。领略田园风光，是现代都市人的一种追求。小韩村人从中发现商机，把蔬菜工厂景观化，进行深度开发，在多彩青椒、吊篮地瓜、阶梯芹菜等百余个食用观赏果菜品种基础上，又引进世界各地观赏花木近千个品种，精心造园，形成旅游景观。并通过卫星遥感勘探，打千米深井，将温泉矿脉引到地面，建起温泉浴场，开了沈阳近郊发展温泉旅游的先河。都市观光农业、温泉旅游度假、田园风情餐饮形成配套旅游资源，吸引了沈阳和附近多个城市居民来此游玩。由乡村旅游派生出的博览业也展现喜人发展势头。小韩村还向资本市场挺进，通过参股，成立了区域股份制商业银行；还在沈阳地区首家成立了小额贷款有限公司。在金融资本运营上迈出了坚实的步子，为“三农”

项目直接提供了金融支持。

第三，加强保障，提升村民待遇

小韩村在快速发展的同时，拿出相当比例的财富给村民，让每个村民都能尝到改革开放带来的甜美果实。

一是实现住宅完全城市化。小韩村把村民住上环境优美、设施完备的住宅小区作为城市化的标志。多数村民都分到 2 至 3 套楼房，除了自己居住，还出租出售。全村人均居住面积在 50 平方米以上。

二是经济来源多重保障。小韩村实行股份经营合作制后，所有农业人口都享受股东待遇。退休职工可以享受股份分红和养老金两项收入，在职职工可以享受股份分红和工资两项收入。

三是全年享受多项福利待遇。采暖费实行全额报销。村民们都参加了由集体出资办理的社会医疗保险或新农合医疗保险，大病特病享受最高达 10 万元的补贴。村民还享受洗理费、学生上下学乘车补助费等各种福利待遇达十几项。村里每年用于村民福利待遇支出达 500 万元。如今的小韩村，农村变城市，村民变市民，农民变股民。富裕了的农民，工作方式在变，乘空调大客上下班，工厂化作业，成为名副其实的农业工人，每天都在享受城市生活，品味田园风光。

第四，先富带后富，实现共同发展

小韩村在发展中，有一项明确的社会责任目标：通过近郊带远郊、先富带后富的方式，实现共同发展，在带动其他相对落后地区的同时，自身的社会形象也不断提升，合作社的知名度和影响力的增强，为后续的发展壮大打下了坚实的基础。

一是拉动广大区域经济发展。绿丰食品公司通过担保贷款等方式，在内蒙古和辽北地区培植起多个颇具规模的肉牛饲养基地，实行订单收购，那里的农牧民饲养一头肉牛，可赚 1200 元到 2000 元，同放牧、种粮相比收益大幅度增加。

二是为社会创造大量就业岗位。小韩农业专业合作社所属的各个企业共创造就业岗位 5000 余个，不仅本村 900 个失地农民全部就业，还为社会创造了大量的就业岗位。

三是改变远郊农民生活品质。小韩村在远郊村屯购地后，努力使那里的农民短期内富裕起来，将那里的农民都吸收到农业生产合作社中来，与本村村民同工同酬。过去，他们种一亩地年收入几百元，现在月工资就达千余元。

3. 存在问题

虽然小韩村农民合作社取得了较大成功，成为了于洪区最具知名度的农民专业合作组织，但是相比先进地区的一些成功范例，小韩村还存在一些问题需要改进，而这些问题也是当前于洪区其他农民合作组织面临的困难，主要表现如下：

一是现代管理体制和运行模式尚未建立。从长期发展来看，小韩村集体合作社的综合发展能力、适应市场经济的能力和意识还有待加强，缺乏现代、科学的管理体系和运行模式，只是凭借积累的知识和经验进行管理，当面临合作社快速发展、市场机会增多以及市场竞争加剧的情况时，就可能表现出市场竞争力的相对不足，从而难以适应农业经营中信息化、专业化、知识化、经营环境复杂化的挑战。

二是农民观念制约合作发展。小韩村在集体经济改革中，迈出了坚实的第一步，但在与其他村合作中，农村合作经济组织模式作为改革发展过程中出现的新生事物，还不能被大多数农民完全接受，农民思想观念落后和自身素质差成为了制约发展的主观因素之一。

三是体制机制不成熟。自2007年7月1日正式实施《中华人民共和国农民专业合作社法》以来，农民专业合作社取得了迅猛发展，但由于现行的合作社法覆盖范围过于狭窄，难以涵盖合作社的所有类型，而且在相关规定上还存在定性不明或难以操作等问题。同时，在合作社法的具体实施过程中，工商、税务政策的不配套，导致对合作社经营范围把握不准以及税收政策的不统一，也制约了合作社长期健康发展。

总体来看，小韩村农民专业合作社存在的问题与前文提到的全国乃至于洪区农民专业合作社存在的主要问题具有鲜明的共通性。可以说，诸如管理方面、体制建设方面、农民意识形态转变方面，既是小韩村自身发展亟需破解的制约因素，也是可以放在更高层次背景下进行深入探讨的课题。此外，需要补充说明的是，在本章中未单独提出的问题，例如国家政策导向问题、自身造血机能问题、生产要素保障问题、队伍建设问题等等，也是小韩村农民专业合作社具有的问题，只是相比之下不够迫切。由此管窥一斑，在中国，即使如小韩村农民专业合作社此类发展较为成功、整体管理比较正规科学、具有相当的区域产业带动能力的的农民专业合作社，也具有较多的问题。由此也可知，于洪区虽然在农民专业合作社发展建设方面取得了一定的成果，但是亟待解决的问题依旧很多，可见中国的农民专业合作社发展道路依旧很远。

对小韩村农民专业合作社的系统分析，不难看出小韩村模式取得成功是在符合合作经济理论、公共物品理论的基础上，结合区域发展实际获得的。在具体操作上，小韩村通过转变观念，变“城中村”的发展劣势为发展合作经济的历史机遇，通过创新体制机制，大胆改革，以多样化的经营理念，实现了合作社的快速发展。尤其是在利益分配方面，小韩村把改善合作社成员作为一项重要职责，把带动后发地区作为自身使命，实现了发展和社会责任的有机结合。这些卓有成效的创新举措、成熟超前的经营理念，可以为于洪区其他农民专业合作组织的发展提供很好的借鉴作用。但值得注意的是，虽然小韩村的发展模式对于洪区其他农民专业合作社发展具有一定的启示和示范作用，但是其本身存在的问题也是其他农民专业合作社在发展中将碰到的共性问题，还需要在具体的发展实践中不断探索、破解。

1.7 其他典型示范社案例分析

案例之一：沈阳市星生葡萄专业合作社

沈阳市星生葡萄专业合作社创建于2007年9月，注册资金300万元。该合作社位于沈阳市于洪区马三家街道拉马台村，目前专业合作社社员

111 户，占地面积 800 亩，每年生产优质葡萄 1000 吨，2013 年吸收西红柿种植户 223 户，目前已经涵盖了于洪区三个街道，新民，辽中，近 900 亩西红柿，每年生产优质西红柿 2300 吨。就目前果蔬食品市场现况而言，年间价格浮动比较明显。大部分地区种植户选种植物种时，会选择前一年市场价格较高的果蔬作物，因此形成前一年价格较高的果蔬过于集中性种植，导致一些蔬果品市场过剩、单一品种过于集中上市而菜贱伤农的现象时有发生。因此该合作社为了应对现存的复杂市场环境、认真考虑市场需求与消费者健康意愿，制定出了同一品种不同品质的市场优存路线。

1. 产销对接

2012 年该合作社与沈阳的永辉，家乐福，两家大型的连锁超市合作增加了合作社的销售方式，2012 年在这两家超市的帮助下，合作社销售西红柿 2300 吨 ，葡萄 800 吨，2012 年成为该合作社丰收的一年，在农超对接的帮助下完成的农户当年的西红柿销售，合作社的社员对合作社都比较满意。

为了让消费者更加直观地，放心地购买蔬菜水果，该合作社还打算与永辉超市合作，共计 4 家店让每家店的忠实消费者来合作社的生产基地参观采摘，这样同时也带动了生产基地的休闲农业的发展也可以让消费者直观地看到合作社的蔬菜水果是怎么地生产、包装、运输等一系列的过程，让消费者认识到该合作社蔬菜是第一时间进入超市的，至此该合作社已经真真切切地实现了产、供、销、一体化模式。

2. 生产基地

为了提高自身品质，首先要做到科学规范的种植方式。该合作社与沈阳土益原科技有限公司共同建立了土壤检测实验室（土壤检测设施与有关化学药品已经完备），经过土壤检测进行土壤营养含量分析，根据我们的气候条件、土壤性质、作物品种、产量水平、耕作差异、病虫害管理成本进行评估备案，合理划分施肥类型气分组，建立施肥模型，按作物制定肥料配方和施肥建议。通过科学合理的规范管理，提高土壤有机质含量，努力做到土壤生物性的健康循环。合作社已经与北京中农坤创种子公司、沈阳德亿农业发展有限公司，合作为该合作社提供优质的种苗与技术为我们服务，给予了合作社很大的帮助与支持。

3. 实现可追溯性安全生产管理

通过土壤检测，进行土壤状况和作物分析档案、病虫害防治履历等管理备案。运用以上两家公司的帮助与支持，也为农超对接提供可靠蔬菜种苗而做准备，对于消费者的食品安全而言，也多了一重系统性保障。

4. 市场展望

为了实现农产品商品化的转变，目前该专业合作社已经申请了（拉马台村）品牌商标，获得国家颁发无公害农产品证书，荣获2010年沈阳市优质农产品证书；通过自立品牌与相关部门的标准认证以及农产品生产可追溯性数据库的续建，让合作社的产品有着更加可信的说服力。在同类产品的生产和品质管理上，真正做到同一品种，不同品质的目标，同时合作社在蔬菜配送方面开始努力做到从田间到超市蔬菜的时间不超过12小时。

案例之二：沈阳金牧养殖专业合作社

沈阳金牧养殖专业合作社是于2009年6月由马三家地区当地农民自发组织兴办的合作经济组织，组织机构健全，规章制度严格。

合作社占地50余亩，饲养种鸡3万套，拥有600多平方米的孵化加工车间以及400多平方米的办公室。今年又开始新的建筑扩大经营范围。合作社以“民办、民管、民受益”为基本原则，以增加社员经济收入为核心目标，以提供全方位服务为宗旨，以提高社员物资精神生活水平和全面建设农村小康社会为发展方向。

合作社现有社员105人，社员分布在于洪区的马三家街道的马三家村、范屯村、西大林村、岔路村、兰屯村、平罗街道等共11个村。业务扩展到丹东的东港、宽甸、凤城，抚顺的新宾、清源县等。现在，入社时的困难户已有72%的社员摆脱了困难，生活状况超过了当地农民平均生产水平。

合作社与全省广大养殖户、区域龙头建立了广泛的业务联系，努力为养殖户提供优质的肉鸡雏和饲料兽药供应和热情周到的技术跟踪服务。每年可向基地和农户提供优质肉鸡雏300多万只，实现产值6000万元，户均年增收2.5万元。合作社每年销售收入3200余万元，赢利300多万元。年末可分配盈余42万元。

合作社的基本职能为：向社内成员放养先进品种的肉鸡苗，并提供饲料、兽药、疫苗及饲养技术和回收成鸡等一条龙服务。合作社紧跟市场，积极参与竞争，引导农户在新型畜禽舍建造、自动化设备安装，中药防蚊蝇，夏季水帘空调降温等生态环保型养殖肉鸡的创新方面得到专家和政府有关部门的赞赏和肯定。这几方面新技术在国内已处于领先地位，得到专家和政府有关部门的认可。已有10多个养殖场纷纷效仿采用，时常有人来学习、咨询。现在省内建造这种新型鸡舍面积已达5万多平方米，随着新技术的不断普及应用，预计之后必将在辽宁全省大规模展开。

同时该合作社的农村科技服务工作也十分到位。为了带动周边当地农民早日脱贫致富，他们的技术人员走街串巷，宣传养殖致富的道理，了解养殖业户的需求，并且无偿为养殖业户提供技术服务、传递信息，手把手地指导他们怎样喂养，温度、湿度、光照怎样控制，使用什么饲料合适以及怎样进行防疫等各个方面的技术知识，毫不保留地把养鸡经验传授给周围的养殖户。因此无论在养殖方面谁找到合作社，都是有求必应。有的养殖户在资金方面有困难，合作社就给予资助、赊销，调动农户联合经营，享受合作社的服务，做到资源共享，共同致富。合作社以科技为依托，积极扩建养殖基地，今年又在扩建种蛋包装存储加工车间，大胆尝试和专研国内外饲养业的先进技术，结合本场实际情况，不断改革创新与应用。科学技术的应用普及使他们尝到了甜头，不但节约了有限的资金，还获得了更高的效益。

案例之三：沈阳鑫叶蔬菜种植专业合作社

沈阳鑫叶蔬菜种植专业合作社位于辽宁省沈阳市于洪区国家级现代农业示范区核心区内，位于蒲河于洪段西岸、G304沿线、沈彰高速老边出口附近，是核心区内最具规模和影响力的核心企业。拥有多功能园区基地500亩，已投入资金1500万元。目前已形成了占地300亩（日光温室大棚105栋）设施园艺种植区及果蔬工厂化育苗区、占地200亩的有机水稻种植区两大核心区域；另设有沈阳鑫叶农副产品配送有限公司。

目前，该合作社在辽宁省内规模化、产业化、科技化程度领先，影响力较大，500亩园区基地、105栋温室规划合理、美化程度较高、管理规范，是于洪区乃至辽沈地区现代设施农业以及工厂化育苗、有机水稻核心基地和示范基地，是沈阳市A级农民专业合作社示范社、辽宁省农委省级工厂化蔬菜育苗中心、辽宁省农科院新品种引进试验示范基地、辽宁省农科院农业信息技术示范基地、沈阳农业大学设施蔬菜科研示范基地、于洪区现代农业示范区管委会农业综合开发科技培训示范基地等。曾多次接待国家农业部、中国农业科学院、中国农业大学的有关领导和专家学者的视察指导，以及我省各级党政领导、农委领导考察调研和参观指导。

在国家的大政方针政策指引下以及各级政府、社会各界的大力扶持和帮助下，目前该园区基地已经成为于洪区、辽沈地区对外展示的最具规模和影响力的明星企业和现代设施农业省级标准示范基地。

鑫叶种苗中心：鑫叶工厂化育苗中心与沈阳农业大学、辽宁省农科院合作，以其强大的专家技术团队为技术支撑，以规模化的合作社形式经营为路线，以中大型的现代农业园区基地联合经营为基础，以科技含量较高的工厂化、自动化、智能化、规模化的包括新品种试验示范在内的物联网数字农业种苗中心为产业核心，正在逐步形成以订单产业链形式的“新品种引进试验示范+订单式工厂化育苗中心+优质果蔬种植生产示范+农副产品回收、初加工、精包装”的经营模式，在政府大力扶持和社会各界的鼎力支持下，鑫叶种苗通过工厂化、技术化育苗，形成了以种苗为依托的“公司+合作社+基地+农户+科研机构+农产品营销网络”的上游订单农业、中游流通、下游农销对接的全产业链条，为鑫叶现代农业产业链建设打下坚实基础和必要的模块建设。

沈阳鑫叶种苗中心利用现有的40栋日光温室（总育苗车间面积近4万平方米）做为工厂化育苗车间及配套的品种种植试验示范日光温室30余栋，确保四季不间断生产、繁育、示范，实现果蔬工厂化育苗产能4000万株（按照72穴、每年三茬计算，单茬育苗能力1300万株）。产值可达

3000 余万元，育苗覆盖以鑫叶种苗中心为中心、半径 100 公里内的于洪、辽中、新民、沈北新区、苏家屯区、浑南新区、东陵区在内的蔬菜种植面积 1.3 万亩。种植我公司的品种及使用我公司种苗农户的农副产品全部回收，为配送服务，为解决品种更新换代、优质种植、农销对接打下铺垫性的基础。根据现有产能及技术服务可带动辐射区域内农户 1 万余户，可带动农民 2 万余人，带动农民科技带头人、经纪人百余人，促进农户增收上亿元。

鑫叶安全果蔬种植示范基地：鑫叶企业利用百亩温室，基于沈阳农业大学设施蔬菜科研示范基地和辽宁省农科院新品种引进试验示范基地，为蔬菜新品种示范和农副产品配送中心及合作单位建立安全果蔬种植示范，全部果蔬种植生产均采用绿色有机模式进行，基地已获得环评批复。为新品种试验示范、配送中心、合作基地的果蔬安全生产起到了至关重要的示范和带动作用。同时，在种植方面已逐步实施物联网数字农业产业新模式，确保育苗、种植生产、物流环节的物联网覆盖。通过新品种的工厂化育苗、示范种植、订单直供农销对接，可以使农户每亩增收 1000 ~ 3000 元，覆盖面积 1.3 万亩，即实现了覆盖区域内生产型农户总体增收 4 千万元，再加上物联网数字农业的普及推广，使农户额外增加收益数千万元、甚至上亿元。

同时还成立了鑫叶农副产品配送中心，沈阳鑫叶农副产品配送有限公司是于洪区域内第一家农产品配送中心。该农产品配送中心以配送新鲜果蔬、有机米为主，分为精装和普装两种形式，按照客户需求将配送肉类、蛋禽、海鲜、粮油、干调、豆制品、奶制品、水果等农副产品，配送对象主要是政府机关、学校、企业、宾馆、酒店、果蔬店铺等单位及市民团购。

配送中心依托沈阳鑫叶蔬菜种植专业合作社的 500 亩多功能现代农业生产基地为核心区域，涵盖辽中、新民、阜新等有机、绿色、无公害农产品生产基地，以及辽沈、吉林、黑龙江等大小兴安岭山脉的无公害、绿色食用菌、山野菜等特色农副产品生产区域。鑫叶配送中心目前已形成“公司+核心基地+合作基地+农户+营销网络”的产、供、销一体化服务体系，同时以“生态安全、质优价廉”“高效正规，服务至上”的配送服务理念，为农民、市民服务，打造辽沈地区最佳农副产品配送单位。

目前鑫叶蔬菜种植专业合作社形成了产供销、科教研、贸工农一体化的现代农业产业链模式。

2. 丹东市振安区农民专业合作社典型案例分析

2.1 丹东振安区合作社发展情况

丹东振安区位于丹东市城区东北部，是东北东部城市群通过丹东连接渤海经济区和对日、韩、朝贸易的重要纽带，是丹东城市拓展空间最大的行政区，是丹东市区的绿色屏障，拥有上风上水的独特优势。全区辖五龙背、汤山城、同兴、九连城、楼房5个建制镇和鸭绿江、珍珠、金矿、太平湾4个街道办事处，共有45个行政村和16个社区。

截止到2014年底，丹东振安区共有农民专业合作社160家，新增38家，人员3700多人。合作社涉及农业生产的各个领域，其中，种植类69家，畜牧44家，林业25家，渔业2家，服务业3家，其他17家。

2.2 典型合作社案例分析

案例之一：丹东圣野浆果专业合作社案例分析

丹东市圣野浆果专业合作社是《农民专业合作社法》颁布后成立的，在辽宁省乃至全国运作较为成功的合作社之一。合作社始创于2008年4月11日，与此同时在东港市工商行政管理局注册登记。合作社曾获得东港市优秀农民专业合作社、辽宁省重点示范合作社、全国农民合作社示范社等荣誉称号，是辽宁省科技特派员服务站、辽宁省农业生产经营信息化示范基地。

（1）合作社的基本情况

合作社的产生背景

2002年，村里建起了一家草莓加工厂，收购农户的草莓，加工后卖到欧美，一亩地草莓就能卖到1万多元钱，当地很多农户靠草莓发了家。可2007年欧美市场的草莓大幅度增收，东港市种草莓的农户却多了，国际价格下跌，再加上丹东地区草莓集中上市，原本能卖3元钱一斤的草莓连3毛钱一斤都卖不出，很多农户的草莓都烂在了地里。经过那两年打击，严重挫伤了草莓种植户的积极性，当地一半以上的农户都不种草莓了。

合作社的运作成果

丹东市圣野浆果专业合作社位于“中国草莓第一县”辽宁省丹东市东港十字街镇赤榆村，是一家以服务合作社成员为宗旨，谋求全体成员共同利益的互助性经济组织。合作社由第六届“中国丹东·东港草莓文化节”草莓种植状元——马廷东先生同六位水果种植大户发起创立，注册资金170万元人民币。在合作社理事长马廷东的带领下，经过7年的奋斗和发展，合作社成员从6个发展到现在的203个，增资扩股后注册资金由60万元增加到170万元。拥有自己的果品包装厂、机械冷库，和草莓、蓝莓、板栗加工车间。拥有温室草莓大棚380栋、温室蓝莓大棚19栋、冷棚草莓大棚210栋、冷棚蓝莓大棚20栋、陆地草莓1500亩、陆地蓝莓100亩、板栗5000亩、艳红桃3000亩，带动周边10个乡镇1016余户农民从事果品生产，同时取得了5000亩板栗、1500亩草莓的无公害基地认证。该合作社还与沈阳印双杰果业集团达成战略合作，授予旗下25家超市为“圣野果源”牌草莓、蓝莓、板栗、黄菇娘、艳红桃沈阳专卖，受到广大消费者的好评，产品供不应求，与其他省市超市的“农超对接”也在合作发展中，合作社成员收入逐年增加。

（2）合作社实现跨越式发展的主要做法和经验

第一，走信息化发展之路，增强合作社的服务能力

合作社成立开始，便善于利用现代高新技术对果品的生产、销售等方面进行监管，例如，马廷东找软件公司设计了一套软件系统，农户可以通

过手机拍摄，每天都把基地里生产的照片上传到网上，马廷东就可以全面知晓草莓的生产情况，并对农户进行技术上的指导，从而保证草莓质量。

对于产品销售，合作社除了与超市和社区对接，还创新销售模式，建立自己的网上销售平台，直接接受客户的订购。在草莓未成熟之前，客户还可以通过网络平台进行提前预订并形成二维码，待成熟后，合作社将产品直接发送给预订产品的客户。

第二，注重质量，形成品牌效应，增强营销能力

合作社采取“合作社＋公司＋科研院校＋示范基地＋农户＋超市＋社区直营店＋生鲜电商”的创新模式，按照出口产品生产要求进行“统一管理”（即统一种苗、农资、技术规程、品牌销售、分选包装、物流配送、农药检测），建立了农业互联网应用系统，农产品质量安全追溯体系，搭建了合作社信息化管理平台，建立标准化基地，通过良好的操作规范和严格质量管理体系，使产品的质量年年提高，卫生安全完全符合国家标准。在第六届、第八届、第九届中国草莓文化节上获得草莓鲜果金、银、铜奖。在第十届中国北京农博会上被评为“最受欢迎农产品奖”。并与丹东东大食品有限公司签订长期供货协议，为日本青旗公司长期供应草莓原料。产品主要出口日本、韩国、美国、欧洲等发达国家。同时开辟国内北京、天津、上海、长春、哈尔滨等国内市场。

合作社在注重产品质量的同时，也十分重视品牌效应，不断提高市场竞争能力。合作社十分重视产品质量和包装的标准化，产品进入市场前必须进行严格的挑选、分级和包装。合作社在2009年注册了“圣野果源”商标，“爱圣野”“99牛奶草莓”“圣野”商标正在办理中。

第三，规范管理机制，适应市场经济的变化

一是建立管理机构。包括社员大会、理事会、监事会。其中社员大会是全体社员组成的决定合作社重大问题的最高权力机构，是社员表达其意志、利益和要求的主要场所和工具；理事会是由合作社带头人组成的具体负责合作社经营管理活动的一个执行性机构，其主要职责是贯彻执行社员大会作出的决策；监事会是合作社的监督机构，主要负责对合作社全体人

员的活动及其组织的合作社业务活动进行检查和监督。二是建立经营机构。包括办公室、拓展部、生产技术部、营销部、财务部（图一）。其中办公室主要负责处理合作社的日常事务；拓展部主要负责合作社的项目开发和策划；生产技术部主要负责生产过程中的管理和技术指导工作；营销部负责产品的市场推广和销售渠道；财务部主要是负责合作社财务和内部审计工作。

二是完善合作社章程。合作社自成立之初便拥有了自己的合作社章程，章程共7章，70条规定。章程从合作社成员的规定、组织机构的设立、业务范围、财务制度到合作社的合并、分立，都进行了明确的规定。

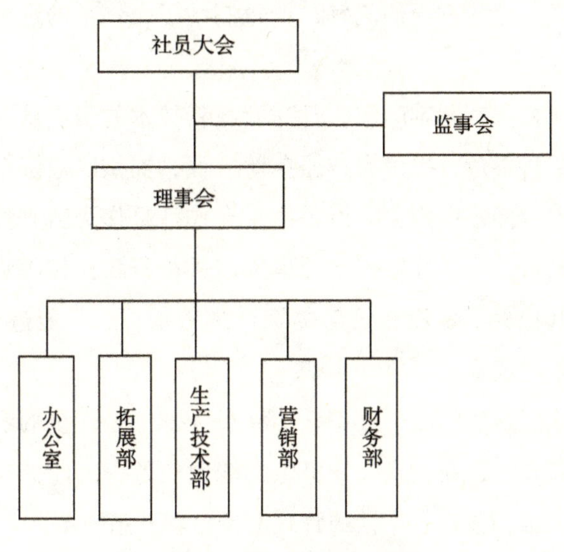

图1　合作社经营机构图

三是规范的合作社制度。合作社为了保护成员的合法权益，体现合作社的本质，根据《中华人民共和国农民专业合作社法》，特制定合作社的分配盈余制度。其中包括提取盈余基金、提取公益金、利润二次返还。同时，合作社为了解决广大社员在生产中遇到的技术难题，特别成立了东港市小浆果协会“科普惠农”服务站，制定农村信息服务站设备管理制度和农村信息服务站上网制度。

（3）合作社发展面临的困难

首先，产量高峰和销售的衔接不恰当问题。丹东市的草莓种植基本靠大棚，基本分为冬棚（暖棚）草莓和春棚草莓，冬棚草莓成熟期从每年12月份开始，在1月份左右达到产量高峰；春棚草莓产量高峰出现在4月中旬。然而，草莓作为一种不易储存运输的产品，采摘后急需销售，而消费者对草莓的需求弹性小，造成草莓产量高、价格低、销售不畅的问题。

其次，基础设施建设不足问题。目前，合作社采取“合作社+公司+科研院校+示范基地+农户+超市+社区直营店+生鲜电商”的创新模式，要实现农超、农社、电商对接，需要仓储、物流、包装、加工等基础设施的配套建设。这些方面的问题，严重制约了合作社的进一步发展，亟待解决。

第三，合作社融资困难问题。合作社在新技术的引进试验推广，品牌的建设，开拓销售渠道，提供农技服务等方面，提供巨额资金，周转周期长，资本积累少，经营压力大。但是由于合作社是作为新兴经济体，国家法律保障还不健全，合作社要想从金融部门进行贷款比较困难，又没有其他经济组织为其担保，也没有足够的资产进行抵押，只能进行民间借贷，这更加增加了生产成本。

第四，人才匮乏的问题。合作社的社员大部分是传统的农民，文化程度偏低，接受新知识、新技术、新思想的能力较低。因此，对合作社社员的技术培训较困难，导致合作社的管理以及市场开拓困难。

第五，合作社难以形成规模化发展的问题。丹东地区农民曾经有过草莓过剩导致破产的经历，有些农民不愿从事草莓产业，以及一些青壮农民外出打工，家里留守的老人和儿童无力从事草莓生产等原因，造成土地的成片流转很困难，这也制约了合作社的规模化发展。

（4）合作社下一步发展的重点

第一，走联合发展之路。丹东市圣野浆果专业合作社作为全国示范合作社，取得成绩的同时仍然存在一些问题，合作社下一步的重点是进行联合发展，争做国家级示范合作社的样板社，打造示范合作社，第二，加强人才培养。合作社意识到人才资源是合作社发展的关键问题，是合作社的宝贵财富，重视人才培养，创新人才引进机制，从而有效发挥人才的作用，有利于合作社实现财务管理电算化、社务管理信息化、产品销售网络化。

第三，加强基础设施配套建设。针对合作社目前面临的仓储、冷藏、运输能力不足问题，应该加快这些方面的配套建设，开办合作社自己的农产品初级加工厂，延长产业链，提高合作社产品附加值，增加合作社的经济效益。

第四，加强品牌建设。合作社今后要更加注重质量和品牌效应，向高端农产品市场进军，建设合作社自己的干线物流，发展自有品牌连锁直营店。

案例之二：丹东众利合作社案例分析

（1）丹东市众利养殖专业合作社概况

丹东市众利养殖专业合作社坐落于丹东市东郊，距市中心16公里，占地22000多平方米。该社聘请高级畜牧兽医师5名，中级职称26名，自合作社成立以来，在短短的两年时间里，由刚刚建社的10人迅速扩大到485人。合作社为广大社员提供优质鸡雏（众利牌商标）和所需的生产资料，实行统一管理、统一防疫、统一销售社员的产品，为社员提供市场信息、技术指导、科技培训等服务。该社以服务“三农”为宗旨，本着“民办、民管、民受益”的原则，以“质量是企业生存的根本，信誉是企业的生命”的管理理念迅速占领市场，凭借着良好的信誉深得养殖户的信任与认可，并以完善的服务体系为养殖户提供服务。在过去的两年里，社员年均收入增长了近三分之一，相关产业迅速发展。合作社在不断壮大，社员的收入也在不断增高。该社采用合作社加农户的形式，定期组织社员进行技术培训，引导和组织农村畜禽养殖户紧紧围绕市场，实施养殖产业标准化、专业化，提升农业集约经营水平和抵御市场风险能力。

合作社有健全的组织机构（党支部、工会、理事会、监事会），有规范的章程，理事会制度、监事会制度及财务管理制度。带动周边相关产业农户达2000余户，解决了很大一部分的剩余劳动力。初步形成了种鸡饲养、孵化、肉鸡饲养、产品销售及市场服务等一条龙经营服务体系，为建设社会主义新农村作出贡献。

（2）合作社的产生背景

众利养殖合作社的创始人是曲义利理事长，成立之初只有5名成员。他们看到本地农民分散的各种不利因素，想农民所想，急农民所急，努力寻求解决这一问题的方法，立志要造福一方农民。2007年历经艰辛办起了肉鸡养殖厂，由于缺少养殖经验，第一栏鸡就近亏损了近万元，经过不懈努力，克服种种困难，当年便取得良好的效益。2008年由10人组成的“丹东市众利养殖专业合作社”正式成立了。合作社本着“民办、民管、民受益”的原则，采用“合作发展、分户经营、服务在社、生产在家”的生产模式，为农户提供优质鸡雏、饲料及防疫、技术指导等服务，并进行报价回收，使农户少了后顾之忧。

为了让农户安心饲养，合作社还在各地区发展了一些养殖示范户，这些示范户能够优先得到一些优惠性的政策，通过示范社带动其他养殖户的创收，这样的举措取得了较好的经济效益和社会效益，提高了合作社的知名度，赢得农民群众的认可。通过合作社的带动作用，广大农民逐渐认识到合作社的重要作用，越来越多的农民加入合作社，合作社正一步一步走上正轨。

（3）入社条件

① 长期社员（一年以上）；

② 具有完全民事行为能力；

③ 持有丹东地区户籍或者在丹东地区有规定经营居住场所满一年以上；

④ 入社持有资金为自有且来源合法，达到章程规定的入股金额起点；

⑤ 诚实守信，声誉良好；

（4）社员权利

① 参加社员大会，并有表决权、选举权和被选举权，按照章程规定参加本社的民主管理；

② 享受本社提供的各项服务；

③ 按照章程规定或者社员大会（社员代表大会）决议享受互助金收益；

④ 查阅本社的章程和社员大会（社员代表大会）、理事会、监事会的决议，财务会计报表及报告；

⑤ 对本社的工作提出质询、批准和建议，并可以向有关监督管理机构投诉和举报；

⑥ 自由提出退社申请，依照本社章程规定退出本组织；

⑦ 本社章程规定的其他权利。

（5）社员义务

① 执行社员大会（社员代表大会）的决议；

② 向本社入股或存入互助金；

③ 按期足额偿还借用本社的互助金；

④ 积极向本社反映情况、提供信息；

⑤ 本社章程规定的其他义务。

（6）合作社的经营范围

丹东市众利养殖专业合作社主要经营肉食鸡良种繁育、肉食鸡放养，为广大农民社员提供优质种雏、优质饲料，提供防疫技术服务、保底回收社员产品、统一销售等业务。自2008年成立以来，始终坚持依法办社，规范发展，组织农民参与市场竞争，开展生产经营服务，实现了服务成员、富裕农民的办社宗旨，成为丹东市农民专业合作社发展的先行者和排头兵。

（7）合作社的管理架构

① 完善的组织结构

合作社设有社员大会、理事会、监事会、党支部、工会等，社员大会是全体社员组成的决定合作社重大问题的最高权力机构，是社员表达其意志、利益和要求的主要场所和工具；理事会由理事长和5名理事会成员组成，负责公司的整体运营；监事会是合作社的监督机构，主要负责对合作社全体人员的活动及其组织的合作社业务活动进行检查和监督。同时还拥有完善的行政组织结构。

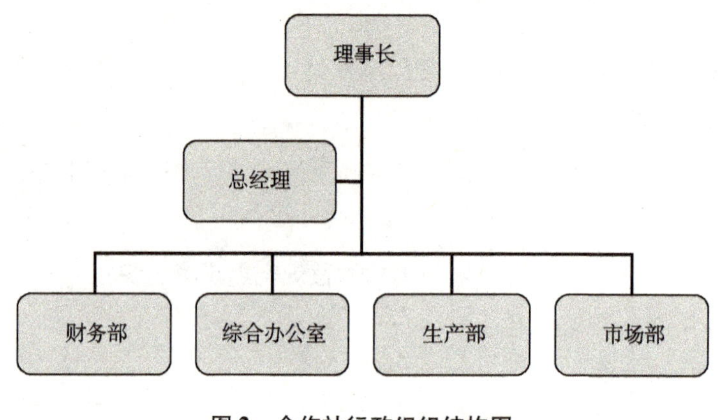

图2　合作社行政组织结构图

② 完善的规章制度

合作社自成立之初便拥有了自己的合作社章程。章程从合作社成员、组织机构的设立、业务范围、财务制度都进行了明确的规定。合作社为了保护成员的合法权益，体现合作社的本质，根据《中华人民共和国农民专业合作社法》，特制定合作社的分配盈余制度。针对农民的思想觉悟薄弱，防止贷款的坏账，为保证合作社的良性运行，公司采取资本约束控制原则来保证资金的回笼。

（8）合作社的资金互助业务

① 合作社资金互助的业务范围

合作社所有资金互助业务必须在本社社员内部开展，这是为了保证业务的合法性，否则有非法融资之嫌。众利养殖专业合作社的资金互助业务只针对的是合作社内部的社员用于养殖业务，任何超过养殖的业务都不允许。

社员借款利率参照表 单位：元

额度	3个月（10.8‰）	半年（12‰）	一年（15‰）
0.5万元	162	360	900
1万元	324	720	1800
2万元	648	1440	3600
3万元	972	2160	5400
4万元	1296	2880	7200
5万元	1620	3600	9000

以饲养5000只鸡为单位，最高贷款额度不得超过5万元，且资金仅限用于建设鸡舍、购买鸡雏、饲料以及雇工工资等，不能用于投资回收期超过一年的生产和资金性投入。为保证社员利益，互助资金还实行年底分红，按净收益的15%提取公积金，依照社员入社互助金的比例分配。社员饲养的鸡都是由合作社统一销售、结算，这样也可有效控制贷款人还贷风险。

社员盈余返还参照表 **（以一万元为例）**

期限	3个月	半年	一年	二年	三年	五年	临时
年返还率	3.96	4.83	6.03	6.93	7.83	8.7	1.8
福利收益	99	241.5	603	1386	2349	4350	

说明：股金不到期时，按实际存入的时间所对应的返还率分红。

② 互助金的投放条件

一是凡向本社申请的借款人必须是本社社员，年龄在18周岁至60周岁之间，因发展农副产业生产、为农服务等需求资金，做到诚实可信的皆可申请。

二是申请借款需找一至两名经济实力较强、诚实守信的公民作为借款担保责任人，抵押借款还需履行公证等相关手续。

三是本社工作人员要有条件掌握借款人和担保人经济情况，并将借款人或者担保人作为借款论证收回责任人。

四是借款人、担保人及其配偶需携带本人有效身份证、结婚证（未婚须提供民政部门证明）、户口簿原件等相关证件到本社营业部据实办理相关手续。

③ 资金互助的运作

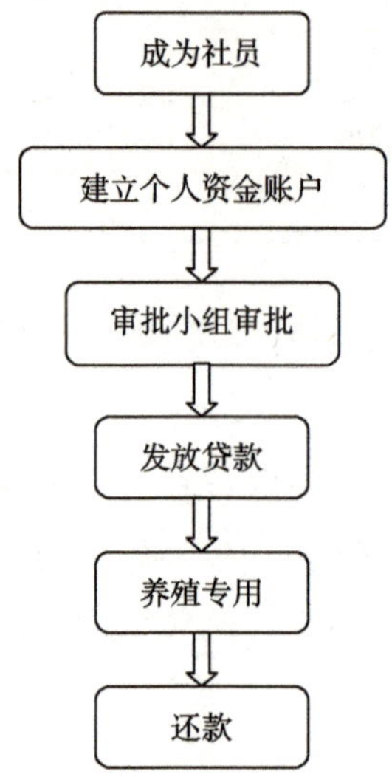

图 3　资金互助流程图

为让资金互助合理有序利用，合作社为每一名社员建立起互助资金个人账户。社员代表大会选举产生 3 名理事，成立资金互助服务审批小组，采用封闭运作的管理办法，资金调剂严格限定于合作社内部成员，绝对禁止向社外单位或个人调剂使用。社员申请互助资金的额度实行资本约束比例控制原则，以饲养 5000 只鸡为单位，最高贷款额度不得超过 5 万元，且资金仅限用于建设鸡舍、购买鸡雏、饲料以及雇工工资等，不能用于投资回收期超过一年的生产和资金性投入。为保证社员利益，互助资金还实行年底分红，按净收益的 15% 提取公积金，依照社员入社互助金的比例分配。社员饲养的鸡都是由合作社统一销售、结算，这样也可有效控制贷款人还贷风险。

④ 取得的成就

在为社员建立“自助银行”的同时，众利合作社还有了扶贫帮困、灾害救助体系，大伙捆在一块儿共御风险。合作社每年从盈利中提出一定比例的资金，用于帮助受灾社员快速恢复生产。2010年雨季，楼房镇梨树沟村辛福玉家的养殖大棚坍塌，3000只肉鸡被砸死，损失惨重。合作社通过社员代表大会讨论，决定拿出两万元支持辛福玉重建养殖大棚和购买鸡雏，尽快恢复肉鸡养殖生产。这两年，众利养殖专业合作社累计向贫困社员发放扶持生产资金40余万元。从市农委获悉，随着我市农村经济、农业产业的发展和农村改革不断深入，越来越多的农民向着农业专业合作社靠拢。作为农民“靠山”的合作社，能够发挥抱团聚力的优势，尤其是在解决农民发展产业最大难题“钱荒”上游刃有余。

附录2：调研问卷

问卷1：农户加入农民专业合作社意愿的调查问卷

一、基本情况

1. 农户的基本情况

填表人的文化程度：

填表人年龄：

填表人身体状况：

是否为村干部：

家中人口数：

劳动力数：

土地亩数（小亩）：

就业或外出打工人数：

年农业收入（净收入）：

二、对加入专业合作社的意愿及原因

1. 您认为是否需要专业合作社

A. 十分需要

B. 无所谓

C. 不需要

2. 如果建立专业合作社，您是否希望加入

A. 加入　　　　　　　　B. 不加入

3. 如果同意建立专业合作社，您认为下面那种形式较合适：

A. 大伙共同出钱购买农具和技术，统一使用

B. 人伙把各家农具和技术拿出来，统一使用

C. 由某个公司出钱提供技术和设备，各家单独和公司签订合同，使用公司的技术和工具

D. 由某个公司出钱提供技术和设备，多个农户联合成一个集体，集体和公司签订一定的合同来使用公司的科学技术和工具

4. 如果同意建立专业合作社，您愿意同什么人联合：

A. 邻居　　B. 亲戚　　C. 朋友

5. 如果是公司出钱组建的专业合作社，您希望他们服务的范围是：

A. 科学技术信息的提供

B. 劳动机械工具的提供

6. 如果您不想加入专业合作社，请说出原因（按您认为原因的重要程度排序）

自己单干很好，不用求别人

很难管理

领头人不好选

各家各户想法不一致，易产生矛盾

家里经济有困难，没有参加的本钱

7. 您认为本地应该建立什么合作形式的组织，主要原因是什么：（按您认为原因的重要程度排序）

政府引导

健全的政策法规

农民思想意识

能人带领

企业牵头

信息

问卷 2：对农民专业合作社的调查问卷

请根据贵社的实际情况填写本问卷，所有调查数据仅供研究使用，我们保证决不泄露贵社的生产和经营秘密。感谢您能抽出宝贵的时间，配合我们完成本次调查，非常感谢！

一、农民成员

1. 50% 以上农民成员的年龄层次

A. 20～30 岁　　B. 31～40 岁　　C. 41～50 岁　　D. 50 岁以上

2. 50% 以上农民成员的文化程度

A. 小学及以下　　B. 初中　　C. 高中　　D. 大专以上

3. 社员对农民专业合作社下列特征的认可度和满意度

① 社员对农民专业合作社所提供服务的满意程度

A. 非常低　　B. 比较低　　C. 一般　　D. 比较高

E. 非常高

② 社员对农民专业合作社管理事务的满意程度

A. 非常低　　B. 比较低　　C. 一般　　D. 比较高

E. 非常高

③ 社员对农民专业合作社的认可和接受程度

A. 非常低　　B. 比较低　　C. 一般　　D. 比较高

E. 非常高

4. 农民成员每年是否参加农业技术培训

A. 是　　B. 否

5. 农民专业合作社里有无企业、事业单位或者社会团体成员

A. 有　　B. 无

6. 如果有企事业单位或社会团体等加入农民专业合作社，其股金占总股金的比重

A. 10% 及以下（含）　　B. 10%（不含）~20%（含）

C. 20%（不含）~30%（含）　　D. 30%（不含）~40%（含）

E. 40%（不含）~50%（含）　　F. 50% 以上（不含）

7. 成员的范围：A. 本村　B. 有外村，本村所占比例

A. 50% 以下　　B. 50% ~80%

C. 80% 以上

8. 农民专业合作社是否采取股份制（按股分红）

A. 是　　B. 否

9. 如果农民专业合作社采用股份制，不同类型社员之间持有的农民专业合作社股份的差异程度

A. 非常低　　B. 比较低　　C. 一般

D. 比较高　　E. 非常高

10. 农民专业合作社中彼此属于同一家族的农民成员的比例是多少＿＿＿＿＿＿

11. 农民专业合作社几个大股东之间是否有亲戚关系

A. 是　　B. 否

12. 农民专业合作社社员（代表）大会召开的次数

2007 年＿＿＿＿＿次；2008 年次数＿＿＿＿＿次；2009 年＿＿＿＿＿次；2010 年＿＿＿＿＿次

13. 农民专业合作社的投票方式是

A. 一人一票　　B. 以一人一票为主，有附加表决权

14. 农民专业合作社有没有在以下哪些问题上通过一人一票的方式进

行过决策？（可选多项）

A. 章程修订　　B. 选举或罢免理事长
C. 选举或罢免理事会成员　　D. 选举监事会成员
E. 决定经理的聘任　　F. 合作社盈余分配
G. 重大项目投资　　H. 重大筹资计划

15. ① 农民专业合作社是否有完整、详细的社员产品交易记录

A. 是　　B. 否

② 社员是否有权按章程规定查阅合作会议记录、财务状况

A. 是　　B. 否

③ 农民专业合作社是否定期向全体社员公开财务和营运状况

A. 是　　B. 否

16. 农民专业合作社的普通社员是否经常向理事会和监事会提出自己的意见和建议

A. 非常少　　B. 较少　　C. 一般
D. 较多　　E. 非常多

17. 农民加入农民专业合作社的方式

A. 需理事会批准　　B. 需成员代表大会批准

18. 农民专业合作社吸收新社员的频率

A. 不吸收　　B. 三个月一次　　C. 半年一次
D. 一年一次　　E. 随时

19. 成员入社时有什么要求

A. 生产经营内容　B. 种植面积　　C. 经营销售
E. 专业技能　　F. 其他

20. 对社员退社有什么规定

A. 可以自由申请退社　　B. 不可以自由申请退社
C. 大股东必须得到同意方可退社

21. 新老社员之间的权利有没有不同

A. 有　　B. 没有

22. 如果社员退社，农民专业合作社

A. 不退股金　　　　B. 退回股金

C. 退回股金以及股金价值增加的部分

23. 社员缴纳的股金数是否有最高限额

A. 没有最高限额口　　　　B. 有最高限额

24. 股金的缴纳方式

A. 现金　　B. 实物　　C. 劳务　　D. 其他

25. 农民专业合作社内有无出资成员和非出资成员之分

A. 有　　　　B. 没有

26. 农民专业合作社内有无核心成员和非核心成员之分

A. 有　　　　B. 没有

二、农民专业合作社的基本情况

1. 农民专业合作社名称：________，成立时间：________，所在地区________

2. 从事的农产品种类

A. 种植业　　B. 养殖业　　C. 渔业

D. 其它________（请注明）

3. 农民专业合作社的兴办方式

A. 龙头企业牵头　　　　B. 农技部门牵头

C. 供销社牵头　　　　D. 农民自己

E. 其它________

4. 农民专业合作社成员数量

A. 10 人以下　　B. 10～40 人　　C. 40 人以上

5. 农民专业合作社带动的农户数量

A. 100 户以下　　B. 100～400 户　　C. 400 户以上

6. 农业新技术的使用程度

A. 非常低　　B. 比较低　　C. 一般

D. 比较高　　E. 非常高

7. 农民专业合作社对成员按照交易量返还利润的比例为当年利润的________%

8. 按成员出资分红时，分红比例占当年利润的比例为：________%

9. 农民专业合作社的收益分配的公平程度

A. 不公平　　B. 基本公平　　C. 公平

10. 您所在农民专业合作社的资金来源是否存在问题________

A. 没有问题　　B. 问题很小　　C. 问题较小

D. 问题较大　　E. 问题很大

11. 是否获得过有关行政主管部门的优惠政策扶持：A. 是　B. 否

12. 是否获得过有关行政主管部门及组织的资金扶持：A. 是　B. 否

13 农民专业合作社当前发展遇到的最主要的困难是什么？(可多选)

A. 科技信息缺乏　B. 产品销售问题　C. 资金缺乏

D. 信贷问题　　E. 过路费太高　　F. 用电价格、用地手续等问题

G. 内部制度混乱　H. 发展方向问题

14. 您认为创办好农民专业合作社最关键因素是

A. 优秀的领办人或负责人　　B. 政府的相关支持

C. 农民成员的积极参与　　D. 客户和市场

E. 其他________（请注明）

15. 您所在农民专业合作社最需要社会哪方面的支持（可多选）

A. 资金　　B. 农业新技术（项目）　　C. 市场信息

D. 经营管理　　E. 人才　　F. 其他________（请注明）

16. 您对贵社将来的发展是否有信心

A. 有信心　　B. 有信心，但信心不足

C. 没有信心

谢谢您的参与！如果方便的话，请留下您的姓名和联系电话。

后　记

曾几何时，我的案头堆满合作社的书籍、调研问卷和笔记，我的电脑里存储着合作社的文章和数据；我的足迹来往于村镇，来往于合作社之间。我的学生问我：老师您从什么时候起把目光聚焦到农民专业合作社的发展上了呢？

我想要回答这个问题还得了解当前我国农村经济发展的新形势。在当前我国农业发展新时期，农业和农村经济结构的发展战略都要进一步地调整，发展现代农业、增加农民收入、繁荣农村经济、推进新农村建设是我国农村发展的重要目标。要想达到上述目标，关键是解决农民分散经营和组织化程度低的问题，有效引导农民有组织地进入市场，实现小生产与大市场的对接。因此就要求农民必须“合作”。我对农业经济的研究也就缘起“合作”二字。从2007年我的第一个关于合作社研究的辽宁省社科基金，到2014年获得的国家社会科学基金《基于利益相关者视角的我国农民专业合作社成长影响机理与实证研究》我先后获得了5项关于合作社研究的课题立项，也与合作社结下了不解之缘。而本书作为我在合作社研究方面出版的第二本专著，也延续了我关于利益相关者对农民专业合作社成长的影响的一些观点和看法，希望这本书的出版对推动我国合作社的健康快速成长提供理论指导和政策依据。

在本书即将出版之际，我要对指导和帮助我的专家学者、政府相关人士、老师们、同学们和我的家人致以最衷心的感谢。

首先，我要感谢辽宁省农业经济管理总站、于洪区政府、丹东振安区政府的相关同志，是他们的无私帮助为我提供了写作所需的各种数据。其次，我要感谢沈阳农业大学经济管理学院给予我关怀和帮助的各位老师，感谢戴蓬军教授、周静教授、吴东立副教授给我的帮助，感谢我的课题组成员周娟老师、周密老师、李行老师、韩雪老师，特别感谢同我一个研究室的王春平教授、李忠旭教授、李铁民老师、翟印礼教授给我提出的中肯意见和建议。我还要感谢我的研究生王艺多、黄亚男、赵超、徐杨在研究工作中给我提供的帮助和支持。

最后，我还要感谢我的先生对我研究工作的鼓励和鞭策。感谢我的父母对我生活上的无微不至的关怀。还要感谢的女儿珊珊，她是我生命中的安琪儿，是我工作研究的动力。

此外，在课题研究和本书撰写过程中，我还参考了国内外许多学者的著作和论文等，在此，也向他们表示衷心的感谢。当然，由于时间、研究经费及研究水平的限制，本书还存在着许多不足之处，真诚希望读者朋友们批评指正。

李　旭

2015 年 4 月于沈阳

图书在版编目（CIP）数据

辽宁省农民专业合作社成长问题研究：基于农户合作需求与合作行为的视角／李旭著. －－北京：经济日报出版社，2015.6

ISBN 978－7－80257－819－7

Ⅰ.①辽… Ⅱ.①李… Ⅲ.①农业合作社－专业合作社－研究－辽宁省 Ⅳ.①F321.42

中国版本图书馆 CIP 数据核字（2015）第 113820 号

辽宁省农民专业合作社成长问题研究——基于农户合作需求与合作行为的视角

作　　者	李　旭
责任编辑	马　聪
责任校对	李艳春
封面设计	金　丹
出版发行	经济日报出版社
地　　址	北京市西城区右安门内大街 65 号（邮政编码：100054）
电　　话	010－63567679（编辑部）　63516959（邮购部）
	010－83559665　63559665　63588445（发行部）
网　　址	www.edpbook.com.cn
E－mail	edpbook@126.com
经　　销	全国新华书店　各大网店
印　　刷	北京京华虎彩印刷有限公司
开　　本	710×1000 毫米　1/16
印　　张	8.5
字　　数	100 千字
版　　次	2015 年 6 月第 1 版
印　　次	2015 年 6 月第 1 次印刷
书　　号	ISBN 978－7－80257－819－7
定　　价	32.00 元